頂嘴代表有主見、撒謊是察言觀色的表現？大人看起來很荒唐，其實他們只是在成長！

從對立到理解

行為心理學

看懂孩子的每一個小動作

樂律

▶ 孩子口袋裡竟然有別人的東西，他是小偷嗎？

▶ 孩子總是安安靜靜一個人，是不是被排擠了？

▶ 幼稚園的孩子說她結婚了，還跟同學玩親親？

榮文婷 著

理解孩子在不同階段所展現出的各種行為，

拋去成人的有色眼鏡，用包容的態度與孩子交心！

目錄

第三章　社交篇——家庭是孩子最初的社交圈

第四章　人格篇——接納孩子是給予他們最好的愛

第五章　習慣篇——別太在意，誰都會有些「小愛好」

第六章　性愛篇——成人世界的初體驗

目錄

前言　衝突與對立：兒童青少年 40 種行為的心理解讀

「跟你說沒用！你根本不了解我，你甚至不認識我。」

身為家長，我想沒有什麼會比聽到自己一手撫養大的孩子說出這樣一句話，讓我們更感到喪失信心並沮喪的了。

每一個孩子的降臨都給家庭帶來了無限的歡樂、喜悅、期待。面對這個柔軟的、沒有語言能力和行動能力的嬰兒，家長們都想竭盡所能地給予孩子自己擁有的全部。脫離母體那幽暗溫暖的環境，新生兒對這個光亮的、新鮮的世界充滿了興趣。這個全新的環境不斷激發他的欲望，讓他想觸控、品嘗、表達，想坐起來、想爬行、想行走。這些目標和動機，不斷地促進新生兒的行為發展，增加他獨立生存的能力，也不斷推動他的心理走向自主、自立。

從嬰幼兒到青少年，當孩子可以自主掌握運動器官的使用方法時，孩子與父母之間的衝突也逐漸開始了：在哺乳期，3～5 個月的嬰兒就會有用手推開母親乳房的行為，表達拒絕母親繼續哺乳的意願；當孩子可以獨立爬行時，父母不得不在房間裡增加一些防護性措施，來阻止和限制孩子的進入；

當孩子具備站立和獨立行走能力時，父母就不得不時刻盯住孩子，防止有打碎花瓶、撕爛書籍、推翻桌子等「災難性」事件的發生。

隨著孩子自主行為能力的增強，孩子的目標和動機也不斷發生變化，到了青少年時期，獨立做決定、控制自己的生活、具有自己的話語權成為青少年時期最重要的發展內容。孩子的自主探索行為和內心的自主獨立意識不斷挑戰父母的內心底線，家長與孩子的「衝突」也不斷更新，特別是多元文化背景下成長的青少年，在當今網際網路極度發達的新型社會中，青少年與父母的「衝突」會變得非常普遍。這些問題一般集中在家庭內部的親密關係、家務勞動、朋友的選擇、讀書、生活習慣、性之類的問題上。實際上，這正是孩子的「自我」與父母的「權利」之間的較量；這是孩子越來越希望獲得對自己生活的主導性，父母逐漸喪失在孩子生活中的權威性的一個過程；這也是孩子正在經歷的一個自我實現階段和父母逐漸為其敞開大門的自然過程。

然而這個過程並不輕鬆，衝突和權利的爭奪之戰幾乎家家不能倖免，一般會持續 3 ～ 5 年，甚至更久。如果父母對處於兒童青少年時期的孩子追求自我的行為處理得當，經歷「抗爭」的孩子，最終將與父母「和解」，重新形成更為「平等」的親子關係，成長為具有獨立人格的人。如果處理不當，孩子很有可能會為了尋求自我，產生過激的行為，從此變得憂鬱、叛逆、遠離父母甚至逃離家庭。

從心理學的角度，我們知道，任何行為的背後都有心理意識與之關聯。心理學研究者、教育者簡·尼爾森博士曾提出：孩子的過激行為，往往來自歸屬感、愛與關注的缺失。因此，當父母面對兒童青少年時期的孩子那些「不可理喻」的行為時，我們除了忍耐、包容外，更需要了解和掌握一些心理學知識，去更深入地了解孩子行為背後的內心世界，讓我們與孩子的「衝突」過程可以過渡得更順利些。

作為「九年級生」、「十年級生」的家長，我們較之以往的家長，面臨更多的挑戰。現代社會講求的是創新型人才。因此，他們不僅是「聽話」、「懂事」，他們更需要「自我」、「個性」與「想法」。這就更需要我們家長智慧地去對待孩子們那些為了實現「自主」、追求「自我」的過激行為，有步驟地去給予孩子們一個能讓其自由發展的環境，幫助他們完成自我實現。

本書列舉了兒童青少年在家庭、課業、社交、人格、習慣、性愛等方面常見的 40 種行為，作者為讀者逐一解讀孩子們真實的內心。

第一章
家庭篇 ——
孩子的成長，
家長的修行

第 1 節　叛逆：孩子表達自由意志的特殊方式

【孩子叛逆行為的心理解讀】

嬰兒期的叛逆

在孩子嬰兒期時，他們的叛逆行為也隨之而來。

在他們手腳還不是很靈活時，就已經會用哭來表示自己不願意的內心活動了。隨著他們的肢體越來越靈活，表達不願意的方式也越來越多樣：吃飯的時候，扯掉繫在脖子上的圍兜兜；發出嗚嗚的聲音示意自己要離開安全座椅；玩著玩著突然停下來，轉身爬走，爬去自己想去的地方……

特別是在孩子接近八九個月時，他們可以獨立爬行了，自我意識也逐漸開始萌發了。他們變得「有心機」了，不再聽從家長們的安排。他們透過觀察學習，不斷地掌握新的技能，覺得自己越來越「有能力」了，於是不斷去挑戰新的技能，對於已經掌握的技能不屑於重複。這就出現了：能坐穩的時候，他非要站著，能站穩的時候，他非要去蹲下，能站能坐的時候，他開始要起來走路，能走路的時候，他又不想動了，要家長抱著……孩子就在這樣看起來「無厘頭」的循環中一天天地長大了。

這就是嬰兒期的不順從，隨著他們逐漸長大，他們叛逆的方式也越來越多樣化。

幼兒期的叛逆

隨著孩子逐漸長大，他們的體力越來越強，控制身體的能力、語言表達能力都有所提升。他們從最初的哭、叫、動作為主的叛逆行為，逐漸發展到語言為主的叛逆行為。

1.5 ～ 3 歲，寶寶抗議的第一個小高潮

相比較於嬰兒期的反抗意識和叛逆行為，到了 2 歲左右的寶寶，家長們會發現，嬰兒期的叛逆行為真的是「小兒科」。或許我們還在懷念他第一次說「不」時，發出嬌滴滴的奶聲奶氣時的美妙，轉眼間，當「不」變成了口頭禪時……

「寶寶，我們出門好不好。」

「不好。」

「寶寶，今天穿藍色的衣服好不好？」

「不好。」

「想不想跟媽媽去超市買好吃的？」

「不想。」

更豐富的訴求

他們會用更清晰的語言表達自己的「不」的意願，同時，他們也會用語言來表達自己更多的訴求。

在孩子處於嬰兒期時，他們的「訴求＝需求」，孩子們提出的訴求是他們的「必需品」，譬如：食物、水、玩耍、陪伴、尊重、關心……是讓一個孩子能夠健康成長的基本元素，這是家長們要竭盡所能地去滿足他們的。

而到了幼兒期，他們的「訴求＞需求」。由於他們的認知能力有限，在提出訴求時，並不會考慮訴求的合理性，只會認為「現在，我需要馬上實現」。

譬如「我要睡在帳篷裡」—— 他知道家裡新買了帳篷，他很喜歡，他要跟「帳篷」一起睡。但是他不會考慮帳篷是戶外用品，是為了出門郊遊的時候用的，不會考慮晚上睡在裡面會不會冷……所以對於他們提出來的訴求，家長們要理智地判斷哪些是必須滿足的，哪些是「過分的訴求」，當我們沒有辦法滿足他們「過分的訴求」時，孩子的反抗意識和叛逆行為也就隨之而來。

動作能力的高速發展

他們的身手越來越敏捷，行走、跑、跳、彎腰，行動方式基本與成人無異，他們的活力超強，不斷地擴大自己的活動範圍，不斷地去挑戰新的「高難」動作，不斷地去發現、去探索、去嘗試，這也是在一步步地挑戰家長的底線。

同時他們的自我意識也達到了一個高峰期，已經有「我」的概念了，清楚地知道自己想做什麼，想做自己喜歡做的事情，不希望被干涉，但是也開始逐漸了解自己不被允許做什麼。所以當他們「渴望」和「不被允許」做的事情相牴觸時，矛盾再一次地出現了。

不成熟的「自我意識」

幼兒期的孩子，雖然有了「我」的概念，但是他們對於「我」的認知尚未豐滿；對於「我」的「管控」尚未形成。他們雖然有自己的想法，但是思維能力有限，語言能力也受限於詞語，邏輯性、靈活性差，所以經常沒有辦法清晰地表達自己真正的「需求」，家長理解不到他們的心思，往往會惹怒他們，讓他們急得跺腳。

另一方面，他們自我控制能力沒有形成，特別是情緒的控制能力、耐性都很差。他們的訴求一旦沒有被「立刻、馬上」滿足，情緒會瞬間衝破了防線，哭鬧起來。這時候，家長就會覺得這孩子脾氣大，越來越過分。

青春期的叛逆

青春期是出了名的叛逆時期，多少年來，青春期的少年問題都被看成一個難題，這讓孩子們與家長一直處於困惑之中。

我們經常認為當下的青少年不如「我們那一代」，我們認為他們浮躁、自我、缺乏合作意識、盲目自信卻眼高手低，認為他們就是「麻煩」的代名詞，缺乏基本的禮貌。

青少年卻認為他們與我們之間永遠有一道無法踰越的鴻溝，他們不願意過來 —— 他們認為我們無法理解他們真正的需求，我們也不想過去 —— 我們認為他們應該多「聽」老人言。

青春期的「同一性」

我是誰？我究竟怎麼回事？我要什麼？我要成為怎樣的人？我如何能成功……「同一性」是青春期的主旋律，也是構成青少年叛逆的核心因素。

「同一性」是心理學家艾瑞克森提出的理論。他認為青少年要面對自己是誰、自己究竟是怎麼回事，以及未來該何去何從的問題。青少年們在青春期透過不斷地去探索、去嘗試不同的角色，完成對自己全新的認定。這是他們又一次的飛躍，是他們成人的前奏。

然而這個重要的篇章往往會引起父母的不適。孩子們內心的成長意識，讓他們迫不及待地想要為自己的生活負起責任。他們會開始向自己想要的未來的生活前行，他們甚至會為了達到未來的目標，全盤否定過去的自己，重建一個新的自己。家長們會覺得，那個曾經「言聽計從」的孩子突然變得叛逆、有主意、時常困惑；那個曾經「無話不說」的孩子突然變得沉默和獨來獨往；那個曾經「乖巧溫順」的孩子突然變得暴躁、易怒又愛反諷⋯⋯其實這只是孩子在嘗試，他們在嘗試自己的另一面，或者說是按照自己的意願在重塑另一個自己。

同一性與依賴

雖然他們渴望獨立地去探索、去尋找未來的自己，不願意被家長干預，他們想有自己的觀點、喜好，不願意被家長品頭論足，但事實上，他們又極為缺乏經驗，無論是社會經驗還是生活經驗，所以，他們在嘗試的過程中會常常碰壁。遇到困難的時候，他們又會慣性地想去依賴父母，獲取父母的幫助。所以，他們看起來是矛盾的，極度渴望獨立又不得不去依賴。矛盾的心理讓他們的情緒起起伏伏。

對同一性的誤解

我們希望孩子能夠獨立，能夠掌控自己的生活，做自己未來的主人，然而孩子的選擇未必與我們一致。當他們的決定與我們內心的期待不一致的時候，甚至跟我們的期待截然相反的時候，我們認為孩子們在跟我們「唱反調」、在「叛逆」。

為了讓孩子獨立，有更廣闊的視野，更多元的人生選擇，老谷早早地把16歲的兒子送到加拿大讀書。然而讓老谷萬萬沒想到的是，兒子讀完預科，並沒有申請大學，而是選擇了汽修專科。老谷當年也是頂大畢業的高材生，是國家實驗研究院的高級工程師，沒想到費盡心思送出國的兒子，竟然讀了個大專。「這分明是跟我唱反調呢！讓我的老臉往哪裡放？」

而兒子卻有自己的想法。「我爸對於汽修的概念還停留在穿著一身髒衣服、抹著一臉黑油的汽修工的認知上。我喜歡車，喜歡研究車，把自己喜歡的事當作自己的奮鬥目標，這不是一種幸福嗎？再說了，我讀完書，工作幾年，有了社會經驗，如果那個時候我還想繼續深造，就再申請讀大學吧，我怎麼就大逆不道了？」

兩年以後，小谷從汽修專業畢業，不僅找到了一份收入不菲的工作，還成功辦理了移民，在海外安了家，現在又著手開始準備技術認證考試，讓他老爸感覺揚眉吐氣：「我就說虎父無犬子嘛！」老谷開心地說。

孩子就是在這一步步的決定中，逐漸走向成熟的。每當他們做了一個決定，他們就離家又遠了一步，但是離自己真正的生活又近了一步。他們在建立自己價值觀和信念的過程中，通常會有一段時間會拒絕家長的價值觀，甚至是有著與家長截然相反的信念。這不是叛逆，實際上，他們只是在完成自己的同一性發展。

青春期的情緒

說到情緒，青春期一直被描述為一段情緒混亂的時期。經研究發現，青少年的情緒並非一直混亂或者一直處於「暴風驟雨」的狀態，他們只是會頻繁地出現情緒的高峰和谷底。他們會給我們一種喜怒無常的感覺，或者說，他們情緒的變化讓我們感覺無厘頭 —— 用得著生這麼大氣嗎？有這麼嚴重嗎？其實這只是他們還沒有學會更好地跟自己內心的情緒相處，沒有學會更好地表達自己的情緒而已。

【家長該怎麼做】

那麼，對於不同年齡孩子的「叛逆」，我們家長能做些什麼呢？

對於每個時期的孩子，尊重、理解、信任都是可以更好地相處、建立更緊密的親密關係的前提。

行為主義的萬金油 —— 正向強化：對希望孩子出現的行為進行鼓勵，對不希望孩子出現的行為我們不去強調和關注，避免產生負強化。

嬰兒期的叛逆

家長往往會竭盡所能地滿足嬰兒期孩子的全部需求，但這並不代表一味地聽之任之，我們也可以做一些事情，讓他們和我們都快樂地體驗生命之初的美好和喜悅。

譬如：雖然嬰兒的理解能力尚待發展，但是學習模仿能力很強，所以我們可以嘗試用「行為」代替「語言」來引導孩子。

幼兒期的叛逆

幼兒期的孩子天馬行空的訴求，我們自然沒有辦法滿足，但是我們可以幫助他們一點點地認知事物，了解事物之間的連繫和邏輯關係，幫助他們認知這個世界，而不是一味地跟他們說「這個不可以，那個不行」。

在他們發脾氣的時候，我們可以幫助他們看見自己的情緒、認知自己的情緒，讓他們逐漸學會表達自己的情緒。

為孩子示範正確的行為，而不是揪住孩子錯誤的行為反覆碎碎唸。

有時試著退一步，忽略孩子的行為，讓他自己消化下情緒，不指責，不強化。

青春期的叛逆

既然孩子想獨立，家長就要給予充分的空間讓孩子獨立。

獨立從自理生活開始，家長逐漸從孩子的日常生活瑣事中退出來，讓孩子獨立處理。

對於與孩子意見發生矛盾或者想法不同時，多給孩子點時間，退後一步，哪怕知道他一定會犯錯、會失誤，就當作給他一次試錯的機會，也是一次成長。

像對待成人一樣對待他，像朋友一樣分享、溝通。只有建立良好的溝通模式後，才可能有機會引導孩子。

處理好自己的情緒。大多數情況不是孩子離不開家長，而是家長放不下孩子，孩子遲早會成年、離家，有他們自己的生活，我們要接受這個不爭的事實。

第 2 節　出走：
太多的愛也會逼走孩子

我想作為家長，沒有什麼比深夜推開孩子的房門，卻發現他不在他的房間裡更糟糕的事情了吧？孩子離家出走，是每個家庭的噩夢。更讓家長震驚的是，幾乎每個處於青春期的孩子都有不止一次想要離家出走的念頭。

在美國，每年有 160 ～ 280 萬的青少年離家出走，最小的出走年齡在 10 ～ 14 歲，為了幫助這些漂泊在外的孩子及其家庭，美國聯邦政府成立了 NRS 熱線（National Runaway Safeline，美國離家出走者熱線），為那些離家出走和想要離家出走的孩子、孩子的家人提供一個可以交流的管道。自 1971 年成立以來，每年接到超過 10 萬通的電話，其中有超過一半的數量是來自青少年。

根據 NRS 的統計，有 47%出走的孩子是因為跟家人或者監護人產生了矛盾；有超過 50%出走的孩子告訴熱線，他們的父母並不在意他離家出走；有 80%離家出走的女孩反映她們曾遭受過性侵或者虐待；有 43%的孩子說他們因為虐待而離開家裡……

回憶一下剛剛過去的一個小時，又有 6 個孩子離家出走了。在英國，每年有至少 10 萬的兒童離家出走，然而這只是一部分的統計結果。—— 來自 The Children's Society（為英國弱勢兒童服務的慈善機構）。這些離家出走的孩子之中，五分之四的孩子流落街頭，處於危險之中。

這些數字是怵目驚心的，也讓每個做家長的感到沮喪。在臺灣，青少年離家出走也逐漸呈上升趨勢，這讓很多家長和學校束手無策，也引起了社會的廣泛關注。

從兒童到青少年的轉變開始於青春發育加速期，也就是我們平常所說的青春期。這個時期的孩子的身高和體重開始快速地增加，女孩一般開始於 10.5 歲，12 歲到達巔峰，男孩相對女孩滯後些，13 歲進入發育加速期，14 歲到達巔峰。生理方面的劇烈變化，荷爾蒙的大量分泌讓處於青春期的孩子們身體快速成熟起來，他們開始關注自己身體的變化，同時他們的心理也開始發生變化。他們渴望被認同、被在意，一方面由於神經系統的成熟在思維上躁動不安，異常活躍；一方面內心充滿困惑和不安，卻又羞於表達而顯得異常安靜。他們看起來已經具備成人一切生理上的機能，但由於思想單純，社會經驗不足，在心理上缺少解決問題的辦法。

而在這段發育異常迅速的時期，恰好又是離家出走孩子的高發年齡，雖然沒有資料顯示兩者必然的相關性，但從心理學角度，我們可以把兩者連繫起來，找出這些孩子出走的誘因。

【孩子出走行為的心理解讀】

任何一個行為的發生需要三個因素：行為能力、行為願望和發生行為的機會。事實上，孩子一直具備出走的能力和出走的機會，所以，真正導致出走發生的核心原因，是他們突然產生了出走的行為願望。為什麼？

壓力「逼」走了孩子

「你們期待的眼神，就像牢籠一樣套住了我，讓我無法呼吸。」

這是一位離家出走的孩子寫給爸媽的信。

他們感覺到壓力但不想面對，又不知道該如何解決，所以選擇了離開，這是離家出走孩子最常見的心理原因。青春期的孩子，承擔著學習和情感上的雙重重負。據調查，20%的家長在學業上對孩子期望過高，父母將他們的期待不斷地傳遞給孩子，有些是強硬直接的，有些是溫柔含蓄的，總之，他們讓孩子處於被監控的狀態，當孩子無法完成或者無法達到父母期待的目標時，就產生了出走的願望。孩子渴望自由、渴望無拘無束，所以，想逃離現實，就從家裡逃走了。

情感萌發

孩子生理上的發育，讓他們的情感也開始萌發。他們開始變得敏感、害羞，無論男孩女孩，都開始特別在意自己的外在形象；他們有了那種朦朧的感覺，或許已經開始嘗試戀愛，但是他們的情感卻不被家長允許，無處釋放、無人訴說。這些情感訴求，同樣轉變成壓力，堆積在心裡，蓄勢待發。一旦有一個火種 —— 與戀人或同學發生口角、失戀，加上父母的責罵等，很容易點燃內心渴望逃離的熊熊烈火。

尋求一種心理滿足感

青春期的孩子終究還是一個孩子，他們簡單、直接、非黑即白。他們期待不同尋常，希望自己吸引人、被人關心，但由於沒有太多的社會經歷，他們對是非判別能力極弱，很容易被誤導、被誘惑。一些研究發現，處於青春期、早熟的女孩經常會找一些年齡較大的男孩為伴，在這些大齡同伴的影響下，她們可能沾染一些惡習：抽菸、酗酒、吸毒等，甚至離家出走，而她們對這些行為沒有抵抗力。

自尊心、獨立意識被侵犯

青春期是從兒童到成人的過渡，他們集中全部的力量，朝著獨立和自我生長，他們對獨立人格的渴望比之前的或是之後的任何時期都強烈。他們開始渴望從父母的庇護下脫離出來，渴望證明自己，他們想獨立地完成自己想做的事情，他們在乎自己的一切，無論是形體、外貌還是成績。然而，當他們的自我和父母的期待發生矛盾時，當父母仍然想依靠權威來控制他們時，當父母頻繁地去指責孩子在意的事情時，這些孩子獨立意識的領地就被侵犯了。他們不再覺得家是保護自己的地方，而覺得這個家裡充滿了敵意，讓他無處藏身，他只能逃離。

家庭環境不再滿足孩子的需求

家庭環境突然出現了變故：父母突然分開、新家庭成員的加入、至親的離世；或者家庭環境不穩定：父母常年吵架、酗酒、吸毒；或者家庭環境無法給予孩子支持：父母忽視、過度控制……家庭應該給予孩子安全感以及父母的愛和關注，當這些不復存在的時候，孩子就會簡單地想透過別的途徑來獲取。他們用離家出走來吸引父母的注意力，讓他們「看見」自己；逃到有「共同語言」、同是「天涯淪落人」的朋友那裡，或者兩個人一起逃離，來滿足自己對愛和理解的需求；用逃離來麻痺自己，可以不去面對這些解決不了的麻煩。

【家長該怎麼做】

營造快樂的家庭氛圍

孩子離家出走的家庭不是不好的家庭，父母也不要給自己貼上不稱職的標籤。但是父母需要反思的是，自己是否給予孩子一個平和快樂的環境。積極心理學告訴我們：人的經驗是在環境中得到展現的，同時環境又相當程度地影響人。快樂的氛圍、積極的環境能夠給予孩子安全感，降低孩子的畏懼心理，讓孩子處於放鬆的狀態，有助於減少孩子的煩惱，幫助孩子自我學習，自我思考。

出走的孩子不是壞孩子：張開雙臂，接孩子回家

「我們不要給出走的孩子貼上『壞孩子』的標籤，他們只是在走投無路的時候做了一個不好的決定。」心理治療師這樣說。

70%的孩子是一念之間選擇了離家出走。所以，當孩子回家時，給孩子一個擁抱，讓他知道家才是最安全的，父母會永遠無條件地接納他，支持他和愛他。

教會孩子如何去處理問題

授人以魚不如授人以漁。孩子的成長需要內外同步，他們不僅需要身體上的營養，更需要心理上的養分。他們除了

要掌握知識、技能，更需要逐漸地學會獨立處理情感上、社交上遇到的問題。家長們要善於觀察，啟發式地引導孩子遇到問題時開展深入的思考，並不斷地給予孩子正向的鼓勵，讓他感覺到自己越來越成熟、越來越值得信任。

讓孩子收到你的關心

作為一名亞洲家長，我們並不善於表達自己的情感，特別是對我們親近的人。我們更善於用做一頓豐盛的晚餐、打掃房間等行為來表達自己對家人的愛和關注；我們更在乎孩子是不是生病了，身體是否健康，這對於我們的家庭和孩子都是不夠的。孩子不僅僅需要強健的身體，更需要情感上的理解、交流，他們期待能有人坐下來，問問他們最近怎麼樣？有沒有什麼需要幫助的地方？有什麼感興趣的事發生？孩子也需要透過父母之間「愛」的交流，來學會如何表達情感、與親近的人溝通。所以，當我們回到家時，最應該做的是放下手中的一切，跟孩子和愛人坐在一起面對面地交流，哪怕就是聊一聊今天都發生了些什麼，讓孩子感受到你的關心。

幫助孩子學會面對問題

當家長們感覺到孩子有出走的苗頭時，或者孩子拿出走作為「談判條件」時，我們應該保持平靜和理性。我們應該知道，在這個叛逆期的孩子，任何阻撓都可能是壓死駱駝的最後一根稻草，給孩子一個迴旋的空間，讓他知道，逃避解決不了任何問題；也要告訴他逃走之後可能面臨的事情會更加複雜和可怕，後果會更嚴重和為此需要面臨的風險。要讓孩子知道你不想讓他走，你願意跟他一起尋找解決問題的辦法。

第 3 節　爭奪：有了第二胎，如何擺平同胞競爭

在第一個孩子稍微能自主後，許多媽媽們開始再次孕育寶貝。但跟第一次懷孕不同的是，身邊總有個小不點似懂非懂地問東問西，媽媽們的壓力和困擾也隨之而來。

「兩個孩子能友好地相處嗎？」

「我家這個現在就是小霸王，會不會欺負肚子裡這個？」

「雖然我盡力做到最好，但還是心疼老大，這麼小的年紀，愛就被人分走了。」

【同胞競爭行為的心理解讀】

心理學中有一個專有名詞「同胞競爭障礙」(sibling rivalry disorder) 用於描述年齡稍小的弟弟 (妹妹) 出生後，孩子發生的某種程度的感情紊亂，屬於兒童情緒障礙的一種，行為表現為嫉妒嬰兒、模仿嬰兒等社會性退縮 (social withdrawal) 行為，與父母對立衝突、發脾氣，產生痛苦的焦慮情緒等。同胞競爭障礙的行為在大多數多子女家庭中都或多或少地會

出現，是較為普遍的現象。即便是在國外，多子女已經是極為常見的家庭結構，但如何有效地處理長子（女）和新生孩子的同胞競爭現象，仍然是家長面臨的最大育兒問題之一。造成同胞競爭的現象的成因有很多，具體有以下幾點：

互動缺失

由於第二個孩子的出生，父母與第一個孩子無論是情感上還是行為上的互動強度和品質較之以往會有明顯減少和降低。這會導致第一個孩子情緒上出現低落、焦慮和壓力等；如果年長的孩子久久得不到家長的積極回饋，情況可能會越演越烈，孩子可能會出現明顯的充滿敵意的行為，甚至出現故意傷害弟弟妹妹的攻擊現象，造成慘劇。

證明自我

另外，家庭中每個孩子都是獨特的，每個孩子都渴望透過競爭來證明自己的獨特性，特別是他們在出現自我意識之後，會渴望透過不同的行為，來嘗試找到自己的特長所在，找到自己的興趣，證明自己與其他兄弟姐妹的不同。

挫敗感增加

印度的一個研究機構曾經做過一個研究，即當兒童的挫敗感增加時，會轉向攻擊環境，並且期待他人來解決挫敗問題，也會有轉向攻擊自己的可能。因此，當孩子認為他們遇到不公正的待遇、感覺到不公平時，也可能出現同胞競爭的現象。

不會表達情緒

孩子年齡尚小，並不會表達和處理自己的情緒，只能透過不情願 —— 抗拒新生兒、缺乏積極的關懷，不配合 —— 拒絕友好的互動、拒絕分享，時常哭鬧，不講道理等行為方式來表達，從而期待獲得父母的關注和喜愛。

吸引注意力

有的時候，孩子們只是想吸引兄弟姐妹的注意力，希望可以和他們一起玩，但是並不知道如何積極地行動才能達到自己的目的，所以他們選擇與兄弟姐妹打架的方式，吸引他們的注意力。

被剝奪感

當兩個孩子存在矛盾時，特別是動手打得不可開交的時候，有些家長一心急，會不自覺地脫口而出：「你是大孩子了，要讓著弟弟（妹妹）！」「你就把玩具給弟弟（妹妹）玩又能怎麼樣呢？」或者直接從行為上阻攔住年齡大的孩子，這是家長潛意識裡認為大的孩子就該讓著小的孩子，大的孩子會欺負小的孩子的一種行為表現。父母的行為或者話語會更讓孩子有一種感情「被剝奪感」，更刺激孩子形成「競爭」意識，增加了大孩子的「反向」情緒、情感，不利於緩解兩個孩子之間的「同胞競爭」效應。

每個孩子的性格都不相同，不同孩子表現出來的行為也不盡相同，但是孩子出現的種種不可理解的行為的目的是相同的，即渴望被愛、被關注、獲得父母的尊重，渴望獲得穩定的安全感。

【家長該怎麼做】

我們並不需要過分地擔心，給孩子貼上「同胞競爭障礙」的標籤，大多數孩子都比我們想像的要堅強，也會很好地面對弟弟（妹妹），接納新孩子的到來。如果我們做好準備，一定會幸福地體會四口之家的美好。

家長們要從心理上對自己要二胎的行為給予真正的認同

多個孩子的家庭可以給予孩子更多的陪伴感和安全感，研究顯示，相比較於一個孩子，有兄弟姐妹的家庭環境對孩子的個性會有積極的影響，例如：孩子的性格會更外向，會更容易與人相處。所以家長要對二胎有一個正確的認知，才可以正確地引導大寶接納二寶。

把孩子當成真正的家庭成員來對待，真正地尊重孩子

家長及時地告知孩子媽媽懷孕的消息，與孩子一起為這個新的家庭成員的到來做好準備。這一點其實並不容易做到。有些家長在懷二胎之後，告訴了丈夫、父母、親戚、朋友，卻遲遲沒有告訴她的孩子，直到肚子顯懷，甚至有些家長一直採用欺騙的方式，隱瞞到孩子出生。這無疑對於一個敏感的、渴望獲得尊重的孩子是一個不好的開始。直接地、簡單地、及時地（最好是獲得第一張超音波影像的時候）告訴孩子妳懷孕的消息，可以藉助一些帶有圖畫的書籍，讓妳的描述更加形象。雖然，對於年齡較小的孩子來說，他可能並不能理解為什麼媽媽的肚子裡會有一個小人，也無法想像未來會有人跟他分享媽媽的關注和他的玩具，也可能他的反應會與妳之前所有的預想都不同，但是平靜地、直接地告訴孩子這個值得高興的消息，是對孩子最好的尊重。

對孩子及時響應，建立安全型的親子依戀關係

安全型的親子依戀關係，是指家長在照料子女時，從嬰兒期就採用敏感型照料方式，即對嬰兒的需求作出及時的、迅速的、一致的反應，使嬰兒在與家長交往中感到愉悅，構成了安全型的親子依戀關係，給予子女安全感和信任感。

讓孩子們合作而不是競爭

孩子的種種行為，都是將即將出生或者已經出生的小寶寶作為假想敵和競爭對手，是來跟他「競爭」、「搶奪」父母的愛。因此，不要將孩子互相比較，要積極地引導孩子學會一起玩，讓他們共同完成一個作品，而不是互相比拚誰的更好。

真正公平地對待每一個孩子

公平與平等是兩個概念，公平是父母對待孩子的態度。讓每個孩子感覺他們得到了同樣的關心和愛、紀律與要求；讓每一個孩子感覺自己的獨特被滿足；在他們看到年長的孩子在享有特權的同時也承擔了更多的責任的時候，他會感覺到這個家庭的公平。

正向行為支持

教孩子正向積極的方法，去彼此相愛。正向行為支持是一種以價值為導向的方法和過程，用來減少問題行為的發生和影響。父母需要以身向孩子們示範展示如何用積極的方式互相關心、分享、彼此照顧和成全。例如：當小孩子用喊叫或者破壞的方式吸引大孩子的注意時，要告訴孩子正確的表達方式：「我想跟你一起玩，好嗎？」在孩子之間出現分享、照顧等正向行為時，大人們要及時地給予積極的肯定。同時，父母要主動有意識地營造正向的家庭氛圍，對孩子的行為進行正向的解釋，引導孩子正向思維。例如：當父母觀察到大孩子對小寶寶的到來感到擔憂時，父母要把握住時間，對孩子進行正向引導，例如：可以說「爸爸媽媽的確會把一部分注意力和愛給弟弟，但是弟弟也會把他的愛和注意力給你。你得到的愛和注意並沒有減少喔！」

給一點空間，把孩子們的問題交給孩子們自行解決。無論家長怎樣做準備，孩子之間也還是會因為各式各樣的事情發生衝突。一個家庭是一個整體，但是父母之間，與孩子之間分別又構成自己的生態圈。父母只需示範給孩子如何解決衝突、如何在矛盾中和解，讓孩子們學會換位思考問題、學會體諒他人，相信孩子們處理矛盾和爭端的能力，放開手，讓他們自己處理自己的矛盾，有的時候會取得更好的效果。

父母在面對孩子們的爭端時，也毋須太過焦慮，不是所有孩子之間產生的抵抗行為都會演變成「同胞競爭障礙」。父母只要營造好家庭環境，做好行為示範，大多數孩子不斷自主學習父母處理問題的方式，會隨著年齡的增長，逐漸地學會積極地表達自己的情緒、情感需求，逐漸地學會與他人分享、相處，順利地度過這段時期。

第 4 節　挑食：用餐好習慣從娃娃抓起

孩子挑食的行為幾乎是家長們最常談論的話題之一，也是家長們最苦惱的兒童行為。有些家庭甚至由於孩子挑食，讓原本平和、美好的家庭最終走向破裂，這並不是駭人聽聞。

甚至還有一些極端的挑食行為者：英國一位 18 歲的少女，只吃泡麵，不吃任何蔬菜、水果。就連泡麵也只吃特定品牌、特定口味的。英國凱特王妃、義大利知名品牌凡賽斯(Versace)繼承人艾拉格以及木匠兄妹樂團的凱倫．卡本特，都曾承認自己患上厭食症，飽受身體和精神上的折磨。

「就是現在生活條件好寵壞的，餓他兩頓就什麼都吃了。」

「挑食就挑食啊，我們小時候想吃肉都沒得吃，不也長這麼大了？」

「小孩子就貪圖口腹之慾，長大了懂事了就好了。」

挑食行為的確在兒童中具有普遍性，2018 年某大學醫學院兒科對 6 ～ 36 個月的嬰幼兒抽樣調查，追蹤記錄一年近 700 個嬰幼兒的膳食行為，結果顯示：689 名嬰幼兒中，有 300 名挑食者，其中 25 ～ 36 月齡幼兒挑食發生率最高，為

40%。國外也做過類似的抽樣調查，他們對 2 ～ 11 歲的兒童進行追蹤抽樣，有持續 2 年以上挑食行為的兒童占 13%～22%，並隨著年齡的增長而逐漸減少。幼兒的挑食行為雖然普遍存在，但如果挑食持續到成年，且越演越烈，就會發展成為一種心理疾病，影響孩子的身體和生活。

【孩子挑食行為的心理解讀】

兒童的飲食習慣其實從胚胎就開始了。研究顯示，兒童最早的味覺出現在懷孕的第 8 週，在他還是一個胚胎的時候，他對味道的體驗已經開始了。對新生兒來說，味覺是其五感（視覺、聽覺、味覺、嗅覺、觸覺）中最敏感也是最發達的。無論是早產兒還是足月新生兒，他們在出生時對味道就表現出了明顯的偏愛，對苦、酸、鹹或者中性液體（水）相比，他們吮吸甜味液體的頻率更快。

而如果我們觀察一個剛開始接觸輔食的嬰兒時會發現，僅有 6 個月的嬰兒在面對新食物時的態度非常謹慎。他首先會觀察父母的面部表情，然後用手試探性地觸控、揉捏，在多次獲得父母鼓勵後，試探性地將新的食物一點點地放到嘴邊，極其慎重地品嘗一次、兩次，有時需要將近 1 分鐘的停頓和思考（或許我們可以稱其為思考），然後才會將整個食物放進嘴裡。如果他不喜歡這個味道，會直接扔掉。

演化論對幼兒的飲食習慣有一種解釋：大多數幼兒喜歡甜的水果而排斥略帶苦澀的蔬菜，是因為甜味代表安全可食用的能量（碳水化合物）來源；相反，蔬菜中的苦味，則可能是警告有毒或含有有毒的物質，幼兒對於蔬菜特別是深色綠葉蔬菜的拒絕，是一種抵抗中毒的生存本能。

兒童的味蕾的確比成人更敏感一些，這也就是為什麼有些孩子的挑食行為會隨著年齡增長而逐漸消失。而且人類的口味習慣也並不是一成不變的。美國普渡大學做過一個「人類口味是否可以改變」的實驗，讓 65 名受試者在連續 7 天，每天喝 3 次巧克力杏仁牛奶（完全沒有加糖的、苦澀的不讓人喜歡的味道）。結果 7 天過後，採集這些受試者的唾液前後比對，發現這些人的唾液成分發生了變化。受試者唾液當中的一種富含脯胺酸的蛋白質含量提高了，而這種蛋白質正好就是可以和苦味和澀味結合的一種蛋白質。這些受試者也都表示，連續喝了這麼多天之後，巧克力杏仁牛奶的苦澀感好像沒有那麼難以忍受了，現在喝起來會比一開始的時候容易很多。

但並不是所有的挑食行為都會隨著年齡增長而改善，有很多兒童由於長期挑食影響了身體健康 —— 營養不良或者肥胖（美國青少年最嚴重的健康問題），甚至發展為前面提到的極端案例 —— 飲食障礙症。

從心理學角度，我們更傾向於後天的生長環境影響孩子的飲食習慣。

新生兒已經存在模仿和觀察學習的能力

他們可以透過模仿家長的行為，來獲取生存安全感，同時完成自我學習。他們只需對被模仿者（家長）密切觀察，且不需要一再地演練，就可以觀察獲得的新反應。這些心理表徵便會儲存在個體的記憶裡，在日後個體表現這個行為時發揮指導性作用。所以，很多家長的飲食習慣已經不知不覺地被觀察的孩子所習得。

家長人為地將食物與獎勵連繫在一起，形成正向或負向的聯想

家長不斷地用孩子喜歡的食物作為手段來強化嬰兒或者幼兒的良好行為表現，或者用其達到讓孩子吃不喜歡食物的目的。譬如：家長知道孩子喜歡吃巧克力，就用吃完這口飯就給你吃巧克力的誘導模式，這樣不斷地強化，人為地賦予食物意義，會導致孩子概念混淆，讓孩子更加厭惡健康食品，喜歡垃圾食品。

不愉快的用餐體驗

不愉快的用餐體驗會儲存在孩子的記憶中，讓孩子拒絕嘗試或者食用一些食物，特別是那些看起來就不怎麼好吃的食物。對孩子來說，新食品的嘗試是需要勇氣和鼓勵的。如

果恰巧這個時候，陪伴的家長缺乏耐心，不斷地打斷和催促孩子，更會增加孩子的用餐壓力，不好的用餐體驗就儲存在孩子的記憶裡，孩子會將食物與這次不好的體驗建立連繫，就容易對這種食物產生牴觸心理。

父母只在乎營養的攝取，不關心孩子的心理，不斷加劇孩子的挑食行為

英國的一個學前焦慮研究機構對 2 ～ 5 歲的學齡前兒童進行研究，他們發現，挑食的孩子的情緒更加敏感，更有可能因為食物與家庭發生衝突，這些孩子除了存在憂鬱和焦慮的症狀外，他們的母親可能出現更強的焦慮感。

【家長該怎麼做】

家長的平常心

家長首先要調整好自己的心態，要相信孩子是有能力逐漸適應食物的。無論孩子喜歡或者不喜歡哪種食物，都要放平心態，不要去刻意地關注。家長的關注，反而是對孩子喜好的再一次強化。

增加用餐的快樂體驗

快樂的心理感受永遠對孩子行為的形成起到積極的幫助作用。在為孩子提供食物時，選取孩子喜歡的盤子來盛放，可能的話做成孩子喜歡的卡通造型。但最重要的是，家長需要減少焦慮的情緒，這很難，特別是對於已經存在挑食情況的孩子的家長，如果我們開始嘗試用平靜的心態來看待孩子的挑食行為，那麼我們就距離成功不遠了。

給予孩子用餐安全感

想讓孩子嘗試一些新的食物時，家長的做法也很重要。在新的食物裡增加一些孩子已經熟悉的味道，會增加孩子的安全感，讓孩子更容易接受。當然，要選擇孩子身體狀態好、心情好的時候，這都會增加成功的機率。

幫助孩子與健康食品建立一些正向的連繫

既然孩子可以把不好的用餐體驗與食物建立連繫，那麼也可以將好的用餐體驗與食物連繫在一起。家長可以邀請孩子的夥伴一起來吃飯，讓孩子在愉快的氛圍中一起品嘗健康的食品。

持續讓孩子接觸不喜歡的味道

孩子可能第一次會拒絕嘗試某種食物，或者會拒絕某些給他帶來不好體驗的食物，但是家長們不用太過沮喪，也不用太在意，過段時間，再次讓孩子嘗試。家長要清楚，孩子的內心是非常渴望滿足父母的期待的，只要父母的要求不是那麼過分，他們樂於努力地做到。因此，父母可以找準時機，多次嘗試，哪怕每次只是一小口，只要孩子接觸多了，他的唾液成分慢慢地就會有所改變，孩子就會改變對這種食物的看法。

鼓勵讓孩子多接觸食物

家長可以幫助孩子從食物的採購開始參與食物製作過程（有條件的家長可以從食物的種植開始）。帶孩子去採購食物，一起清洗、準備、烹飪，最後一起享用食物，讓孩子熟悉食物，幫助孩子放下對食物的戒備心理。鼓勵孩子「玩」食物 —— 用手捏、抓，用鼻子聞、眼睛看、舌頭舔。這都是孩子在進行有益的、積極的嘗試，可以幫助孩子認知食物，喜歡上吃飯。

總之，父母的耐心是走向成功的基石，各位家長們，加油哦！

第5節　尿床：孩子難以啟齒的困擾

提起尿床，大多數家長認為是小孩子的問題，殊不知，正值青春期十幾歲的大孩子也有尿床的現象，這是為什麼呢？

夢裡我一直在找廁所，終於找到了，暢快淋漓的時候，覺得溼溼的，我竟然尿床了，天哪！

這是在某網站上一個叫「沉默」的網友對自己24歲時尿床經歷的描述。

尿床並不是一個罕見的事件，相信每個家庭都經常遇到。

佛系家長：孩子大了就好了吧？

大多數家長認為尿床現象會隨著孩子年齡的增長而逐漸消失，殊不知，這個現象消失的時間會比預想的還要久一些，甚至有的孩子一直都沒有消失。

據統計，初生嬰兒100%尿床，因為他們的膀胱沒有發育完善，還不能自我控制排尿，當膀胱充滿尿液後，自動排出。5 歲以後，約有 85%的孩子可以自己控制排尿，尿床的機率大大減小。但是到了青春期，仍有 1%～ 2%的孩子會尿床，其中男生的比例是女生的 1.5 倍。如果按 2023 年的統計資料來計算，臺灣國中生的尿床率約 1.5%，國小生的尿床率約 7%。

尿床帶來的困擾：

電影《呆呆向前衝》裡，男主角的母親企圖利用兒子尿床的事情，嚇走他的女友。在現實生活中，存在尿床問題的青少年同樣面臨這樣的困擾。他們經常會帶有羞恥感、自卑感與挫敗感，他們時常害怕自己「出醜」，導致讀書時注意力不集中，影響成績，甚至不敢住校、不敢參加學校的戶外教學，從而影響交友，有些父母不斷地斥責孩子，甚至羞辱孩子，只會讓孩子越來越自卑，在同齡人中抬不起頭。久而久之，孩子的尿床情況不但不見好轉，還會影響其人格的發展。

【孩子尿床行為的心理解讀】

遺尿症

在醫學界，我們稱小朋友的尿床現象為遺尿症 (nocturnal enuresis / bed-wetting)，即不自主排尿的一種遺尿症狀。如果男孩超過 6 歲，女孩 5 歲以上，仍然持續地每個月有 1 ～ 2

次的夜晚遺尿現象，那麼需要引起家長的關注和重視，條件允許的情況下，要帶孩子到醫院做進一步的檢查。

遺尿症分為原發性遺尿症和繼發性遺尿症。原發性遺尿症是指沒有明顯的尿路或者神經系統器質性病變；繼發性遺尿症不完全是心理原因，它帶有一部分的生理病變，是指繼發於下尿路梗阻、膀胱炎、神經源性膀胱（神經病變引起的排尿功能障礙）等疾病的患兒。遺尿症還具有遺傳性，如果父母有一方曾有遺尿症，那麼孩子可能患有遺尿症的機率是 45%，父母雙方都曾有遺尿症，孩子可能患有遺尿症的機率是 75%。

大部分兒童和青少年的遺尿症都是原發性遺尿症，即與孩子的心理狀態導致的階段性或者長期的遺尿行為，是可以透過心理干預和家長幫助進行改善的。

在學習如何改善孩子遺尿行為之前，我們先了解下正常孩子排尿的過程 —— 一個受中樞神經系統控制的複雜反射活動，我們可以簡單地概括為：

◇ 膀胱在充滿尿液的時候，膀胱壁的神經會向大腦傳遞資訊；
◇ 大腦收到資訊後，正常成人將收到大腦皮層的排尿抑制指令，它會告訴膀胱，等待合適的時機和場所的時候再排出尿液。即便是已經處於排尿過程，大腦也可以隨時發送停止訊號，終止排尿。

尿床行為如何發生

幼齡兒童由於大腦機能和膀胱機能都處於發育過程中，對排尿的控制能力較弱。特別是如果身體在夜晚製造了大量的尿液，幼齡孩子的膀胱還無法儲存大量的尿液，孩子在夜晚睡覺的時候，睡眠太沉，導致腦神經不能夠控制孩子清醒過來再去排尿，尿床行為就發生了。

正處於青春期的孩子，生理和心理發育都處於快速變動期，極容易被外界變化所干擾。從精神分析學角度講，遺尿是兒童潛意識裡壓抑的行為表現，是一種防禦機能。孩子由於受驚嚇、過度疲勞、缺失家長關愛、親人突然離世、不正確的教養方式和教養習慣等心理因素都可能引起短期的遺尿症，如果家長處理不好，孩子逐漸養成習慣，有些甚至到了成年都無法改變。

當然還有一些特殊情況的發生也會影響孩子，導致其尿床，例如：便祕；內褲過緊；喝了太多含有咖啡因的飲料或者食用了含咖啡因的藥物，咖啡因刺激神經產生了太多的尿液;青春期孩子的荷爾蒙分泌失調，分泌的抗利尿激素不夠，導致其在夜間產生了過多的尿液；冬天天氣太冷，降低孩子起床上廁所的意願，影響了正常的排尿規律。

總體來說，尿床的原因是綜合性的，並不是不需要治療，也不是治療不好的一種行為，不能一概而論，需要家長正確面對，不能迴避問題，需要家長們耐心逐一排除干擾項，積極地尋找、確定孩子尿床行為的誘因，再採用合適的方式進行干預。因此，在孩子發生遺尿狀況時，家長首先需要帶孩子去醫院進行身體功能的檢查，如體檢、尿檢、X 光檢查等，在排除繼發性遺尿的生理問題後，可以採用心理上的干預，以改正孩子的行為。

【家長該怎麼做】

如果孩子只是簡單的原發性遺尿，作為家長，我們可以學習一些簡單的行為訓練方式，在家裡幫助孩子。

幼年時期就要幫助孩子
養成良好的作息、排尿習慣

睡前不要吃太多水分含量高的東西，不要喝太多的水，養成睡前上廁所的習慣，這是從源頭上防止膀胱中充滿太多的尿液，減少尿的產量，直接降低尿床的風險。應避免孩子睡前過度興奮——盡量避免劇烈的運動、觀看驚悚片等睡前行為。

正確進行排尿行為訓練

一般在幼兒 2 歲左右，已經有表現出自己長大了的欲望時，家長就可以開始訓練孩子控制排尿的行為習慣了，逐漸

從紙尿褲（尿布）過渡到自主排尿。根據行為訓練法的原理，需要將排尿與便盆連繫在一起構成條件反射。每天可以按時將孩子放到便盆上，每次坐幾分鐘，每天 2 ～ 3 次，形成規律。但是在操作過程中，要平靜地、溫和地對待孩子可能出現的抗拒、害怕、排到便盆外等突發事件，不要強迫孩子，避免讓孩子對排尿產生恐懼和緊張的心理。

重新建立膀胱和排尿的條件反射關係

如果孩子經常出現遺尿，說明孩子已經形成的膀胱充盈、起床排尿的條件反射系統出現了問題，需要重新建立兩者的反射關係。家長在摸清楚孩子經常尿床的時間後，提前 30 分鐘左右，在孩子膀胱充盈的同時，將孩子喚醒起床，並且陪同孩子去便盆排尿，這樣經過一段時間的訓練，孩子就可以重新被膀胱充盈的刺激喚醒，進行自行排尿。

膀胱訓練

增加膀胱的容積，即在白天孩子清醒時，刻意地訓練孩子增加小便滯留在膀胱中的時間，久而久之就可以撐大膀胱的容積。增加括約肌的控制能力，即鼓勵孩子在排尿過程中可以中斷排尿，然後從 1 數到 10，再把尿排淨，經過一段時間訓練，膀胱的括約肌控尿能力就會有所提高。

幫助孩子練習自我催眠

現代催眠術（hypnosis）在心理學上是一種重要的治療手段。從生理學上解釋，催眠的原理與腦波有關，就是透過一些催眠技巧，讓被催眠者處於 α 波 —— 放鬆狀態或者 θ 波 —— 打盹狀態。在心理學上，催眠是指透過引導讓被催眠者進入一種潛意識狀態，此時被催眠者潛意識開啟，可以輸入一些暗示性話語，達到心理治療的目的。自我催眠是催眠的一種，比較適合敏感的青少年進行自我調整。自我催眠的方式有很多，這裡無法逐一介紹，有興趣的家長可以選購專門的書籍進行自學，也可以尋求諮商心理師的幫助。

避免強化和迴避尿床行為

在面對尿床行為時，家長不能過分強調和表露出擔憂，因為每一次強調在孩子心裡都會形成新的暗示，再次強化「尿床」這個行為。但是如果家長採用迴避態度，對尿床行為避而不談，也會讓青春期的孩子感覺到羞愧，更感覺自己的行為不對，產生壓力，壓抑到潛意識層面，更容易在熟睡時，潛意識開放期將壓抑的情緒以尿液的形式排洩出來。最好的方式是在「強化」和「迴避」這兩個極端行為中尋找一個平衡點，家長平靜地去看待孩子尿床行為，有計畫地幫助孩子一起面對並解決，才是最優的辦法。

第 6 節　懶惰：不做家事的孩子不是懶孩子

經常會聽到媽媽們吐槽，說剛收拾好的屋子，轉身的工夫就又亂到一團糟。孩子小的時候也就算了，自己心甘情願地給他收拾，可是轉眼都十幾歲了，情況愈演愈烈。不摺被子、不收碗筷、髒衣服隨處扔、玩具遍地是，現在的孩子真是越來越懶了。

真的是孩子們越來越懶了嗎？讓我們看看家長們面對孩子「做家事」這一行為的一些做法：

◆ 指揮型家長

直接指揮孩子，說：「快去把你房間收拾乾淨，亂得跟豬窩一樣。」—— 青少年時期的孩子，本來就是叛逆的，聽到這樣的指令型語氣，難免產生牴觸。

◆ 代勞型家長

一邊默默地替孩子收拾，一邊自我安慰，孩子讀書忙，等考試之後就好了。還有些代勞型家長，真的就認為孩子就該讀書，家事與孩子無關。孩子做家事的習慣需要從小培養，如果不儘早開始，一拖再拖就喪失鍛鍊孩子手、眼、腦協調發展的最好時機。

◆ 表現型家長

這類家長一般個人能力比較強，工作比較忙，偶爾有空，一時興起，先指揮孩子做家事，然後不斷地指責孩子這裡做得不對那裡做得不好，最後變成了自我能力的展示。這種做法無疑是對孩子的雙重打擊，一方面孩子覺得自己無法勝任家務工作，對自己的能力產生懷疑；另一方面，孩子的勞動沒有得到積極的回饋，也容易失去做家事的興趣。

◆ 利誘型家長

總是將家務與獎勵綁在一起，例如：摺完這些衣服爸爸就買玩具給你；打掃完你的房間就給你錢買衣服；如果你天天收拾碗筷，我就讓你多玩一個小時籃球。——這種做法雖然短期見效很快，讓孩子很有「動力」去完成家長安排的家務工作，可是當孩子習慣了獎勵，習慣了這種即時回報的響應制度時，獎勵的吸引力就開始失效了，孩子的「動力」隨即消失。

讓孩子參與家務勞動，不但可以鍛鍊孩子的動手能力、協調能力，還可以培養孩子的責任感、時間觀念，增強孩子的自信心和獨立性，因此，如何從小讓孩子愛上做家事，如何改掉孩子不愛做家事的行為，值得家長們花一些心思。

【孩子不願意做家事的心理解讀】

孩子不做家事，一般有三種情況：不想做、不會做、沒有機會做。

◆ 不想做

孩子對於分配的家事，一拖再拖不完成，沒有勞動意識，對於家務勞動缺乏主動性。這種情況我們要從家庭內部來尋找原因。

◆ 不會做

孩子不清楚如何做家事，也缺乏主觀學習意願。

◆ 沒有機會做

家長代勞，毋須孩子做家事。部分孩子存在主動參與的意願，但長期被家長阻攔，逐漸喪失主動性。

美國新行為主義心理學家亞伯特．班度拉在社會學習理論中描述：兒童從嬰兒期就可以透過觀察、模仿他人的行為進行學習。任何有機體的觀察學習過程都是在個體、環境和行為三者相互作用下發生的。例如：7 天的新生兒已經可以開始模仿成人的許多面部表情。9 個月的嬰兒，讓其觀察一些簡單的動作（如抽拉抽屜），有些嬰兒甚至在 24 小時之後仍可以重複出該動作。

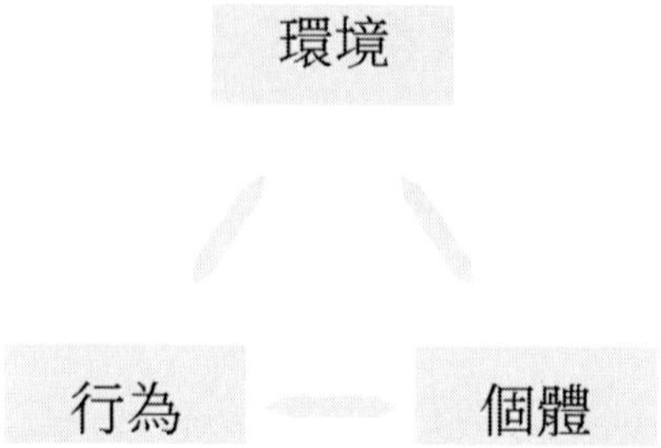

孩子如果沒有發生學習行為，或者對學習行為出現抵抗，說明孩子（個體）缺少主動學習意願，對家務勞動是排斥的，所以沒有產生觀察、模仿的學習行為；或者是在家庭（環境）中缺少被觀察、模仿對象，孩子沒有辦法完成學習行為。

環境 —— 家庭

作為孩子的第一成長環境，家庭是孕育孩子行為的最佳土壤，是為孩子提供觀察和模仿機會的最直接的環境。如果我們期待孩子習得某種行為，需要不斷地從家庭環境角度下工夫，來實現目標。反之，父母在發現孩子出現不被期待的行為問題時，首先應該透過自我反思，尋找問題的癥結點。

如果孩子缺乏家務勞動意識，家長需要從主、客觀兩個層次反思家庭成員的行為。主觀層次，即家長自身對於家務行為的態度和做法。家長對待家務勞動的心態和行為越積極，對孩子越有正向的刺激。客觀層次，即為其提供可使用的工具、給予其自由的行動範圍。正向刺激的方法是：根據孩子的年齡和手、眼協調性，提供適合其使用的工具，並且在孩子工作時，在講解和指導完成示範動作後，不去過多地干涉孩子的嘗試性活動，要耐心地給予孩子時間，不斷練習該動作。反之，如果家長缺乏耐心的陪伴、講解和指導，或者家長沒有為其提供適合他年齡和身體條件的工具，或者過度地干涉、限制、打斷孩子行為，或者對於孩子做家事的行為本身不認可，甚至認為沒必要，多此一舉，都將影響孩子對家務行為的觀察、模仿和學習，讓孩子不願意參與家務勞動中。

個體 —— 孩子

孩子本身需要對家務勞動有一個客觀的認知和在主觀上有意願進行學習，因此，在維護好家庭環境的基礎上，家長需要對孩子的家務行為不斷地進行強化。第一，是直接強化，即需要家長對孩子做或者不做家事的行為進行直接的對與錯的評價刺激。孩子做家事，需要及時認可；沒有完成家務需要恰到好處的批評。第二，替代強化，孩子會透過觀察家長的做法，來決定他的行為，即家長認可做家事的必要性和重要性，則對孩子的行為是一個正向的強化，如果家長自己對做家事態度消極，則對孩子的行為是一種負向的強化。第三，自我強化，孩子會根據自己的理解結合社會評價來對做家事行為進行正或負強化。即社會如果對青少年做家事行為給予認可，那麼會對孩子的做家事行為有一個正向的強化，反之如果社會層面認為青少年沒有必要做家事，那麼會對孩子的做家事行為產生一個負向的強化。

【家長該怎麼做】

確定做家事的重要性

家長們首先要在內心意識到做家事的重要性和必要性，認可參與家務勞動對孩子從身體到內心的幫助。內心影響行為，此時家長在做家事時的行為才會散發出積極的訊號，讓孩子感受到樂趣和號召力；內心影響語言，家長期待孩子加入勞動的話語才會帶有力量和溫度，會感染孩子，讓孩子主動參與進來。

從小培養，養成好習慣

家長從嬰兒期就可以對孩子開始家務勞動的行為培養。嬰兒時期，孩子雖然還不能夠參與家庭勞動中，但是家長們可以讓孩子觀察家長的做家事行為，這樣孩子會不自主地開始模仿、學習。在孩子可以獨立行走時，就可以真正地參與家務勞動中了。準備好踏腳凳，讓孩子站在水池旁邊，清洗自己的碗筷；將衣櫥的高度調整到孩子的身高，讓孩子可以自己獨立地完成自己衣服的整理工作；為孩子準備小的拖把、掃帚、整理箱，方便他隨時收拾自己的「殘局」。這樣，從幼年起，就讓孩子逐漸加入家務勞動中，讓做家事成為其生活的一部分。

及時的回饋

孩子做家事，即便是完成分內的工作，家長也不能視若無睹，需要及時給予正向回饋，肯定孩子完成了或者出色地完成了工作。父母的「看見」，是對孩子最大的尊重與肯定。

適當的提醒

孩子畢竟還是孩子，需要家長適當的提醒和督促。如果反覆提醒了很多次，孩子答應著，卻仍然原地不動，說明家長的督促方式一定是存在問題的。

提醒的同時，家長需要跟孩子約定，如果沒有完成則需要承擔的結果，例如：如果今天晚上睡覺前你不把房間收拾好，明天就不要跟我們一起去逛街了。這樣，讓孩子清楚地知曉工作內容、時間節點及完成不了的代價。這樣會讓他對自己的行為及行為帶來的後果有一個清晰的預判，如果他仍然選擇不做，就是他願意接受不做的結果，這是他自己的選擇。家長也要按照約定，執行約定。

找準恰當的時機

如果孩子正在看喜歡的電視節目，家長卻讓他現在去摺衣服，我想任何孩子都不會心甘情願地去做，特別是叛逆的青少年。家長應該嘗試提前跟孩子商量好做家事的時間、內容，這樣也有助於孩子形成時間概念，規劃自己的時間。

讓孩子做選擇題

這是一個話術策略。將平時的命令語氣適當地轉變。

把「快去收拾你的衣服！」轉換成：「寶貝，你是現在收拾衣服還是等一會收拾呢？」

把「你的房間太亂了，還有這麼多的髒衣服！」轉換成：「孩子，你今天是先收拾房間，還是先洗衣服？」

語氣的轉換，給孩子一個時間去反思，也給敏感愛面子的青春期的孩子一個機會，讓他們可以發現自己的不當行為。

折中的獎勵方案

獎勵方案並不是完全不值得推崇，恰到好處的獎勵可以產生推動孩子做家事的作用。與孩子自身相關的家事並不在獎勵範疇裡，如收拾自己房間，洗衣服，洗自己的碗筷。但是如果孩子願意多承擔一些家庭公共的家務工作，例如：擦地板，澆花，整理儲藏室，這個時候可以採用獎勵的辦法對孩子的行為予以肯定。

第7節　偷竊：擁有越多，越有安全感

許多小朋友都有拿別人東西的經歷。只不過對於不同年齡的孩子，他們拿別人東西的動機有所不同。

小孩子兩三歲的時候，將他從幼稚園接回家後，家長可能就會發現孩子口袋裡多了些不屬於他的東西。這麼小的孩子就知道偷竊了嗎？

孩子上了小學，家長有的時候會發現一些偷藏的文具、書，有的時候發現孩子拿了家裡的錢，家裡什麼都不缺他的，為什麼還要偷？

「偷」是讓家長和老師非常頭痛的一個行為問題。有些孩子是偶然發生，也有越演越烈、越偷越頻繁，甚至養成偷竊癖的案例。有些家長會採取較為強硬的措施，甚至是打罵、威脅，但可能隨後不久，類似行為仍然屢禁不止。

【孩子偷竊行為的心理解讀】

「偷」是一個涉及道德問題的行為。根據兒童心理學家讓·皮亞傑的觀點：兒童的道德發展是一個由他律逐步向自律、由客觀責任感逐步向主觀責任感的轉化過程，它是人的自然天賦和社會因素相互作用的結果，它取決於兒童道德思維的發展程度。所以不同年齡階段的孩子「偷」的行為的含義並不相同。

根據皮亞傑劃分的道德發展階段，我們可以知道孩子的道德發展有以下幾個階段。

2～5 歲：自我中心階段

這一個時期的孩子還沒有分化出「別人」和「自我」的概念，他也沒有能力根據規則來規範自己的行為。在他的過往經歷裡，媽媽是我的，我餓了就哭，哭就有飯吃，世界是圍著我轉的。所以他「偷」回來的東西，不是「偷」，他不認為這個不是他的，他喜歡就「拿」回來了。

6～8 歲：權威階段或他律道德階段

這個時期的孩子是「認死理」的，他絕對順從權威確定的規則，他已經懂得什麼是權威（父母）所允許的，什麼是權威（父母）所不允許的，所以這個時期的小孩子已經開始存在道德意識了。如果他在這個時期出現「偷」別人的玩具、「偷」別人的筆一類的行為，就需要身為「權威」的父母來進行正面管教了。

8～10 歲：可逆性階段

這個時候孩子已經具備初步的自律道德階段，他的思維已經具有守恆性和可逆性，他們已經不把規則看成一成不變的東西。這個時候的孩子喜歡挑戰權威，他們可能把「偷」的行為看作是一種刺激的感受。有的時候他們是在挑戰「權威」的底線，他們想知道越過底線之後，到底會發生些什麼。既緊張又興奮，讓他們一次又一次地流露出成功後的得意。

10～12 歲：自律道德階段

該時期孩子的道德觀念已經發展到自律道德階段，孩子的正義感和公正觀念得到發展。這個時期的孩子已經逐漸到了青春期，他們變得更加莽撞和過分自信（認為自己無所不能）。這時候的「偷」的行為變得複雜和多樣化了。他們有的是為了當「英雄」，劫富濟貧，伸張正義；有的是「慣犯」，已經養成了習慣行為，無法自制；有的是「虛榮心」作祟，想讓自己看起來很富有，很有魅力；有的是為了獲得更多的關注……

行為心理學家阿爾弗雷德·阿德勒曾說，偷竊者想擁有更多，越多越有安全感。安全感的匱乏也是導致孩子們產生「偷」這個行為的緣由之一。

物質上的安全感缺失

孩子隨著年齡的增長，特別是到了青春期，會很在乎別人對他的看法，潛意識裡期待跟別人一樣，又在行為上要表現出不一樣。他們開始有金錢的概念，開始有物質上的欲望，如果家裡沒有辦法滿足，或者是家裡的人不同意滿足他的需求，他又沒有方法去平息他內心對物質上的欲望，就會產生偷竊的行為。

心理上的安全感缺失

他用「偷」的行為來吸引家長的注意。這樣的孩子往往並不存在物質匱乏，甚至可能比其他的孩子擁有更多的可供他支配的財物。但是他還是會去偷，偷一些看起來都不起眼的東西。這其實是一種情感上的匱乏，他渴望用「偷」的行為，來填補潛意識裡情感上的空缺，他不是在偷東西，而是在偷取家長的關心和愛。

其實任何物質上感到匱乏的孩子，都是心理上的匱乏。這種匱乏讓他們不斷地與別人做比較，比較的過程中總是覺得自己不如別人，看不到自己擁有的，總覺得別人比自己擁有的多。

心理上有匱乏的孩子，即便是父母給予豐富的生活物資，他還是覺得自己不被滿足，他還是在別人面前抬不起頭，感到自卑。所以他用「偷」的行為想證明自己，證明自己可以。同時他又被「偷」的過程刺激著，這種過程又緊張又興奮，滿足了青春期孩子的好奇心。最後，他還得到了另一個滿足 —— 挑戰權威（父母），他用行動刺激了父母的底線，讓他有一種不同尋常的快感。

總之，從孩子已經具備「道德」概念的時候，任何情況下出現了「偷」的行為，父母都必須採取恰當的行動，來化解孩子「偷」的行為。

【家長該怎麼做】

對待不同階段孩子的「偷」的行為，作為家長需要區別對待。

對於小朋友（5 歲之前）：「物權」意識的建立

這個時期的孩子雖然還處於前道德階段，但家長可以逐漸幫助孩子建立「物權」意識：讓他們可以區分「我」和「別人」的概念。同時，讓他們要清楚，在不經過別人同意就拿到自己手上、口袋裡的行為，就是不對的、不禮貌的。家長這個時候還要積極地做示範，比如：在孩子跟其他小朋友一起玩時，當他出現搶奪或者直接拿的行為時，家長要告訴孩子正確的交流和相處的行為方式。

對於（6～8 歲）的小朋友：正面示範，樹立正確道德行為規範

我們要把握住這段時期的絕對順從權威的特點，為他樹立正確的道德行為規範。這個時期的小朋友已經知道隨便拿別人的東西是不對的，但是他們對自己的控制能力較差，或者他們很容易被一些感興趣的東西吸引，所以會發生「偷」這個行為。這是最早出現「偷」的行為的時期，正面管教顯得格外重要。

家長還要特別小心，不要隨便給孩子貼上「偷」的標籤，不要用成人的思維模式，來對孩子的行為做出解釋，要耐心觀察、詢問，了解孩子為什麼拿了別人的東西，了解行為背後孩子的真實心理活動。不要用「偷」這個標籤蓋住了孩子的內心世界。如果家長在訓導時能讓孩子感到充滿愛意的關切，那麼道德的種子就更有可能在他們幼小的心靈裡生根發芽。

青春期（10 歲以後）：不要輕易給孩子貼上「賊」的標籤

孩子到了青春期後，會變得越來越敏感，爭強好勝，更想要挑戰權威、挑戰底線。這個時候發現孩子「偷」的行為，家長的處理辦法要特別小心，既不能和他硬碰硬，孩子這個

時期個性和反抗心理最強，如果家長的方法過於強硬，很可能造成孩子破罐子破摔，離家出走或者做出一些極端的行為；又不能做得不痛不癢，孩子可能會養成習慣，越「偷」越「大」。家長需要仔細分辨孩子到底想要的是什麼，然後對症下藥。

首先要明確「偷」的行為是錯誤的，但不要給孩子貼上「賊」的標籤。家長在跟孩子談話時，要把關注點放在「偷」的這個行為上。家長要指出這個行為是錯誤的，不被接受的，而不是孩子這個人不再被家長接納。家長要向孩子傳遞自己對孩子的信任，相信他這只是一次偶然，誰都有犯錯的時候，希望沒有下一次。同時要告訴孩子類似的事情如果再發生，會產生什麼樣的後果，需要孩子承擔些什麼。

面對物質上有匱乏的孩子，家長要反省，是不是自己對孩子的管教過於嚴格和苛刻，讓孩子跟同齡孩子在物質上產生了差距，導致心理過於壓抑，用「偷」的行為來排解。青春期的孩子很在意「面子」，潛意識裡喜歡「比較」，孩子有需求，又不敢跟家長提，長期壓抑在心裡，一旦有機會可以讓他得到滿足，他會迫不及待地、不加思考地付諸行動。所以家長需要調整自己對孩子的金錢管理方式，適當滿足孩子的需求。

面對心理上有匱乏的孩子，父母要平靜下來，反思自己對孩子平時是不是缺少關愛。父母是否一味地用物質來平息孩子情感的需求；是不是對孩子認可不足，讓孩子總處於自卑和比較的心態中；是不是家中沒有做好「物權」觀念的教育，讓孩子不了解「偷」不光是挑戰了家長的內心底線，還觸犯了道德和法律的底線，用這樣的方式來展示自己的不同，獲取內心的滿足感，是要付出巨大代價的。

孩子出現「偷」的行為，家長要知道，他「偷」的不是物質上缺的東西，而是心理上的缺失。家長要放下對「偷」這個行為的成見，耐心地去了解孩子內心的聲音，了解問題的癥結所在，才能幫助孩子修正行為。

第二章
學習篇 ——
興趣是最好的引導者

第 1 節　手機：孩子生活的陪伴者

你必須先讓孩子知道使用手機的責任，和對於使用規範有共識，然後才來思考要不要給手機。若是從沒有做到這樣的溝通，建議你最好再等一年。

智慧型手機應該是 21 世紀最偉大的發明之一，它改變了我們的交流方式、消費方式、生活方式，甚至是我們的思維方式。

對孩子來說，手機已經成為他們最忠實的「陪伴者」了。無論是在家還是在學校，手機都陪伴著我們的孩子。他們熟練地用手機查資料、線上學習、打卡、社交，甚至養寵物。

據美國的一個全國範圍內的抽樣調查顯示：在美國，孩子擁有智慧型手機的年齡中位數僅僅 11 歲，即有 53%的孩子是在 11 歲擁有第一部智慧型手機。8 ～ 12 歲的孩子，每天使用手機的時間在 5 小時左右，青少年（13 ～ 19 歲）平均每天使用手機的時間是 7 個半小時，而這些並不包括在學校和回家寫作業的使用時間。

一份 2016 年的遍及全美國的調查指出，有 50%的孩子感覺自己有沉迷於手機的傾向，有 59%的家長認為他們的孩子已經出現了沉迷手機的行為，有 69%的家長和 78%的孩子每一小時至少檢視一次手機。

為了降低青少年對手機的依賴，加拿大安大略省在 2019 年提出了禁止在教室內使用手機的規定。而這源於 2018 年有 97%的父母、學生和老師提出意見，應該以某種方式限制手機的使用。在法國，禁止所有 15 歲以下的學生在上學期間使用手機。

這些數字清晰地展示了孩子和手機之間的密切關係，顯而易見，他們和手機的緊密程度遠超過以往任何一個時代。

雖然家長們普遍認為，以手機為代表的電子產品會對孩子的行為、社交能力、睡眠、體育鍛鍊產生負面影響，但是不可否認的是，電子時代已經來臨，這是我們無法迴避的事實。

【孩子喜歡玩手機行為的心理解讀】

雖然過分沉迷手機的行為在心理學界被定義為一種行為障礙，而並沒有將其定義為類似強迫性賭博、濫用藥品的「成癮症」，但是它對青少年的影響卻是不可以忽視的。

手機對青少年的影響

在生理上，人類的大腦直到 25 歲才會停止發育，而青少年時期正是大腦飛速發展的時期，研究顯示，如果青少年長期沉迷於手機，會對大腦的發育產生影響。沉迷手機的孩子通常會保持低頭這個動作很久，這會讓正在發育期的孩子的頸椎、腰椎得不到很好的發展，從而影響他們的健康。在使用手機時，長時間地注視螢幕，眼部肌肉得不到休息，對視力也會產生不可逆的影響。

除了對孩子在生理上有一定影響外，沉迷手機對孩子的心理方面的影響更不容忽視。嚴重依賴手機的孩子，在不使用手機時，會出現不安、焦慮的情緒，即使在睡覺時，也會隔幾分鐘檢視一次手機。大量的研究顯示，孩子過度依賴手機，會導致孩子的生活重心從現實生活轉變為虛擬世界，會讓孩子因為想玩遊戲而退出家庭活動和社會活動，從而導致與家人和朋友的交流變少，憂鬱、孤僻感增強，不利於親密關係的建立。

手機為什麼會如此吸引我們的孩子

手機本身的特質，讓其充滿魅力

在嬰兒期，孩子就會對手機這種會發光、發亮、發出聲音的物品格外感興趣。對青少年來說，手機已經是他們學習、交友的必需品。由於青少年本身「延遲滿足」能力不強，所以手機的便攜性讓他們可以隨時隨地翻閱、查詢；手機的即時性讓他們可以不受物理距離和時間的影響，隨時聯絡想找的人、事物；手機的娛樂性讓他們可以找到一切他們感興趣的內容。因此，手機對於孩子來說，具有超強的吸引力。

孩子本身的自制能力差

自制能力也叫意志力，是一種管理和控制自己情緒和行動的能力，是一種需要不斷自我訓練的能力。對孩子來說，特別是青少年，他們正處於從不成熟到成熟的過渡期，他們對任何事物都充滿了好奇，都有想嘗試的欲望，而他們的自制能力尚處於培養期，所以在面對如此充滿吸引力的手機時，很難抵抗住它的誘惑。

家庭中家長的「示範」影響

每個人的生活其實都離不開手機，特別是有孩子的家長。從孩子出生開始，家長的手機裡就存滿了孩子的照片，各種育嬰指南也都需要用手機查詢，到了孩子上學的年齡，還要天天在 LINE 群組裡跟老師溝通；除了跟孩子有關的內容，工作、交友、娛樂等等，家長的每一樣活動都跟手機有關，父母之間的交流也大多是利用手機進行的。根據觀察學習理論，孩子每天不斷地觀察父母的「示範」行為，浸泡在這樣的家庭環境裡，模仿父母用手機的學習行為就自然而然地發生了。

手機是釋放內心壓力和情感的有效途徑

孩子到了青少年時期，由於對自主性的渴望，大多數孩子開始變得沉默少語，他們既希望自己去解決自己的問題，卻又渴望與人交流。手機的特性剛好可以幫助他們。性格內向的孩子可以不用說話，透過打字交友；性格外向的孩子，可以隨時用手機找到他想聯絡的朋友;課業上有壓力的孩子，可以透過線上遊戲釋放情緒，趕走心裡的緊張、焦慮；感情上有需求的孩子，隔著手機螢幕，他可以找到自己情感上的好伴侶。而這一切只需要手指點點，隨時隨地都可以發生。

簡單直接不用費腦筋

雖然大多數孩子選擇使用手機，但是利用手機自己創造內容的孩子還不到2%。大多數孩子只是用手機追劇、看直播、玩遊戲、交友，這些行為活動不需要孩子動用他們的創造能力，不需要費腦筋。就如吃速食般，手機上豐富的內容，可以高效、直接地滿足孩子們心理上的飢渴。

【家長該怎麼做】

學會與手機共存

如果家長總是站在手機的對立面，那麼恐怕就把自己放到了一個非常尷尬的位置。這個世界，手機已經成為生活的一部分，作為一個普通人，我們很難與社會的大環境抗衡。

但是我們可以學會與之共存。當孩子拿起手機時，我們不再是焦慮地指責孩子，我們可以嘗試坐在孩子旁邊，與孩子一同進入他的手機世界裡，了解他在虛擬世界裡的樣子，或許這樣對於親子關係更有效。

為孩子尋找生活中的真實樂趣

在現實生活中無法找到感興趣的事情時，我們就會拿起手機。相反，對於善變的孩子，如果現實生活中有更吸引他的事情出現，那麼他很快就會投入新的更感興趣的事情中。

作為家長，我們需要行動起來，與孩子一同放下手機，尋找生活中原本的樂趣。我們可以與孩子一同走出家門，到戶外走走，做一些體育活動，可以幫助孩子們產生更多的多巴胺，有助於緩解孩子的焦慮情緒；邀請他喜歡的朋友來家裡，面對面地交流；鼓勵他們參加喜歡的線下體驗會；與孩子共同探討一些孩子喜歡的話題……家長所做的一切都要與孩子共同商量，這樣才能讓孩子願意參與其中。

與孩子一同制定手機的使用計畫

沉迷其中的孩子也並非如想像般快樂，他們也有著複雜、矛盾的心情。一方面他們也充滿了自責，想停下來，一方面卻缺少自制能力，停不下來。這個時候，家長有效的幫助就非常必要。

例如：家長可以幫助孩子學會時間的分配，可以根據要事原則：用大部分的時間先做完重要的事情，然後利用剩下的碎片時間，用手機去做他們想做的事情。家長還可以跟孩子一起制定手機的使用規則。比如：每次連續使用不得超過 45 分鐘；不可以將手機帶進臥室；讀書的時候要關閉網路；限制使用社群軟體⋯⋯這些方式可以幫助孩子逐步提高自制能力。

第 2 節　自言自語：從外部語言過渡到內部語言

很多小朋友有自言自語的習慣，特別是2～3歲的寶寶，有的時候，孩子說的內容有邏輯、有情節，甚至具有連貫性，家長能聽懂；有的時候孩子用的是自己的語言，咿咿呀呀地完全摸不到任何規律，弄得家長一頭霧水。有的孩子隨著年齡的增長，情況會逐漸消失，有些會持續到青春期，甚至成年以後還會有類似的行為。這種行為舉止更常見於獨生子女家庭，或者家中的第一個孩子。

有些父母很擔心，覺得孩子出現了幻覺，是不是精神有毛病；有些家長對於孩子想像的內容很驚訝，不知該如何應對孩子的這種行為；有些家長會打斷自言自語的孩子或者嘗試糾正孩子的行為。

孩子真的是生病了嗎？面對這樣的行為，家長是該袖手旁觀，還是要做一些事情來幫助孩子從虛幻的世界中走出來？這是本章我們需要一併探討的。

【孩子自言自語行為的心理解讀】

小朋友自言自語的行為並不都是正常的，需要家長在醫生的配合下加以區分。

自閉症兒童的自言自語

自閉症 (autism) 是一種腦部發育障礙，帶有言語、情緒表達困難和社交互動障礙。這類兒童由於存在社交互動障礙、溝通能力障礙，常常喜歡一個人自言自語，在家長跟其互動的時候，會出現不回應或者回應很少的情況；有些患者說話缺乏邏輯，音調怪異；有些還會出現假想朋友；有些會出現異常暴躁的情緒。這類兒童的自言自語症狀是不會隨著年齡的增長而逐漸消失的，只會越來越重。

語言敏感期的自言自語

我們如果觀察兩三歲的孩子，會發現他很喜歡邊玩邊對自己說話，或者重複爸爸媽媽跟他說的話。

例如：他要坐下的時候，他會邊坐邊說：「寶寶坐。」要是在吃飯的時候，媽媽說：「寶寶吃飯吧。」他也會自言自語地跟一句：「寶寶吃飯吧。」媽媽跟他說：「寶寶快睡覺吧。」他也會自己跟一句：「寶寶快睡覺吧。」有的時候媽媽覺得孩子在故意搗亂，或者僅僅覺得寶寶好可愛，就一笑而過了，殊不知孩子正在經歷一個關鍵的時期：語言敏感期。

敏感期是指孩子會在某一個短暫的時間段內對環境中的某一個部分表現出強烈而持續的興趣，在此期間，孩子會樂此不疲地大量地重複同樣的活動，直到熟練掌握。0 ～ 6 歲正是孩子對語言敏感的時期，也是孩子語言快速發展的關鍵時期。在孩子 2 歲前，對語言的掌握和理解是非常模糊的，是對聽敏感。到了兩三歲的時候，孩子突然話多了，甚至出現爆炸式成長，這是因為孩子到了語言的敏感期。

語言敏感期的孩子有時候喜歡自言自語，有時候喜歡不斷地重複家長說的話，有時候還會突然說一些「髒話」，這是因為，對這個時期的孩子來說，語言並不是溝通的工具，是他正在透過「聽」把外部接收到的語言，練習轉化為內部語言的一個過程。這是孩子學習語言的一個過程，也是在不斷重複的過程中，希望得到父母的關注和認可。

習慣性的自言自語

不僅是兒童，就連青少年、成人在特定的環境下也喜歡自言自語。

情緒宣洩

我們在看電視的時候，遇到精采的進球場景時，會不由自主地大喊：「太棒了！」這是一種對情緒的宣洩。

集中精力

我們在嘗試一個流程比較煩瑣的工作時，例如：做烘焙過程中，我們在仔細核對每一個配料時，會不自主地唸一個核對一個。這個時候，自言自語可以幫助我們更集中精力、更仔細地做事。

增強記憶

我們在看書或者背單字時，會自顧自地讀起來，這也是一種自言自語，美國威斯康辛大學的心理學副教授蓋瑞·盧比安（Gary Lupyan）還得出過結論：自言自語對人的記憶產生影響 —— 語言可以幫助記憶。同時，自言自語對練習語言和演講都非常有幫助，不斷地唸是一種肌肉記憶，就像練鋼琴一樣，反覆的練習，久而久之就會達到脫口而出的狀態。

有趣的實驗：在最近的實驗心理學季刊裡，曾發表一個有趣的心理學研究成果。一位美國威斯康辛大學麥迪遜分校的心理學家和美國賓州大學的心理學家進行了一系列的實驗，他們發現，自言自語有助於尋找特定的對象。例如：你在超市裡，如果你想尋找番茄醬，反覆地重複番茄醬的實驗組，要比心中默念番茄醬的實驗組先找到目標物體。

看來自言自語是一個充滿童趣的、有樂趣的行為，不光是小孩子，我們也不妨偶爾試試吧！

【家長該怎麼做】

如果家長發現孩子有自言自語的情況，需要先去醫院，確定孩子是否患有自閉症。如果是自閉症，需要積極地跟醫生溝通，為孩子選擇一種合適的治療方案，當然，這不屬於本書探討的心理學範疇。

假想夥伴：兒童時期的成長伴侶

電影《腦筋急轉彎》裡的小女孩萊莉有一個幻想的夥伴（imaginary friend）——一隻粉紅色的大象小彬彬（Bing Bong），陪伴她度過了很多快樂的時光，隨著萊莉的長大，它被逐漸封存在小女孩的長期記憶區（潛意識）裡。

孩子幻想出來一個夥伴，它可能存在實體——一個一直放在枕邊的小熊，一個毯子，一盆花，孩子時不時地會跟它說說話，講講自己的心事；它也可能是完全幻想出來的，不存在的一個角色，類似於電影裡的小彬彬，它只存在於孩子的頭腦裡，孩子會把它當作自己的夥伴，就會出現我們家長觀察到的現象：看見孩子對著空氣自言自語。這些類似的行為，在心理學裡被稱為假想夥伴。

假想夥伴（imaginary friends / pretend friends / invisible friends），即年幼的孩子（特別是獨生子女，一般在學前或者學齡兒童），存在一個幻想中的朋友，他經常跟它對話、幻想一些冒險行為，這是一種常見的現象。

有的家長擔心，是不是自己的孩子太孤獨了，才會產生這種幻想，實際並非如此。美國心理學研究者曾對 152 個學前兒童進行追蹤調查，並得出結論：約有 65%的孩子在 7 歲左右的時候曾出現過假想夥伴，甚至有些青少年也仍然存在假想夥伴。雖然這個假想的夥伴非常真實，但是孩子們通常都知道他們虛構的朋友並不是真實的，並隨著年齡的增長，大多數假想夥伴會被孩子遺忘。

心理學家艾瑞克森曾把人的一生的人格成長分為 8 個發展階段，在學前期（3 ～ 6 歲）、學齡期（6 ～ 12 歲）是最常出現假想夥伴的時期。其中，學前期又被稱為遊戲期，是指遊戲是這個階段孩子的主要活動，假想夥伴就是其中的一種積極的遊戲形式。有研究顯示，假想夥伴是兒童的一種心理需求，透過假想夥伴，可以幫助孩子不斷地運用其想像力，促進兒童的語言表達能力發展，並在不斷地與假想夥伴交流的過程中，逐漸地學會區分「自我」和「他人」，從而不斷地將「自我」分化出來，形成獨立自主意識。同時，孩子在跟幻想的「朋友」交流的過程中，會具有換位思考的能力，這也幫助即將進入學齡期的孩子增加其社會生存力。

順其自然地讓孩子自己成長

對於孩子假想夥伴的行為，家長不必緊張和焦慮，更毋須干涉，因為這是一個孩子自然的成長過程，孩子自己樂在其中。

隨著年齡的增長，孩子逐漸分清現實的朋友和假想的夥伴，自然而然地就會放下假想朋友，更熱衷於跟現實中的小朋友相處了。

「代罪羔羊」的假想夥伴

但有的孩子會利用假想夥伴來承擔自己所犯的錯誤行為，或者羞於表達自己的想法，來讓想像的朋友承擔，例如：明明是孩子自己想吃冰淇淋，他卻說是他的好朋友想吃。這時候家長很容易認為是孩子故意說謊，因而責備孩子。其實家長在責備孩子之前，更應該先反思一下，自己是不是平時對孩子要求過高，使孩子害怕犯錯，選擇了用假想夥伴當「代罪羔羊」的方式，來逃避自己的責任。

如果是這樣，家長可以利用假想夥伴，來幫助孩子學會承擔責任。例如家長可以說：沒問題，如果你也想吃，你可以告訴媽媽，媽媽會再幫你準備一個。這樣孩子就知道，他是可以提出這樣的要求的，他的需求是可以透過表達而被滿足的。

長期無法區分想像和現實

美國心理學博士瑪喬麗·泰勒（Marjorie Taylor）曾指出：別看孩子們跟他的假想夥伴相處得那麼親密，他們可以分清哪個朋友是虛構的，他們也知道可以跟什麼人提起他的這個假想朋友。

一般孩子在 6 歲以後，可以清楚地區分現實和幻想的朋友，但仍然存在部分孩子無法區分現實和虛幻，這時候需要引起家長們的重視，孩子可能是有病理問題。

共同享受語言的樂趣

正處於語言敏感期的孩子，每天都在享受語言帶給他的樂趣。所以家長們一定要靜下心來，接納孩子的不斷重複，甚至是偶爾的髒話。如果強加阻止或者責備孩子，一方面可能是在強化孩子的行為，另一方面孩子也沒有辦法理解家長責備自己的原因。

多與孩子交流

孩子在不斷地自言自語或者在重複家長的話，還有一種渴望得到關注的心態。所以家長可以多跟孩子說話，讓他感覺到自己被關注，感覺到家長的鼓勵。同時，孩子這個時期喜歡看成年人說話，喜歡自己嘗試說話，所以家長應多跟孩子交流，或者藉助繪本、圖書，幫助孩子順利度過語言敏感期。

第 3 節　厭學：不是「壞」孩子的專利

蘇聯發展學家維高斯基：「社會文化理論中，兒童的認知發展需要跟社會中具有更多知識的成員合作對話，來逐漸獲得思維和行為方式。」

蹺課、逃學、拒學……孩子從學齡起，甚至從上幼稚園開始，拒絕學校、厭學的行為，就開始讓家長們苦惱了。加拿大的研究機構資料顯示，超過四分之一的孩子，會有不同程度的拒絕學校的行為。有些是拒絕上一些課程，有些是逃學數月甚至幾年。

【孩子厭學行為的心理解讀】

逃學的原因並不一定是明確的

孩子拒絕上學的理由有很多種，有些是因為放假太久了，一開學就有了「開學恐懼症」（post-holiday blues），有些是害怕考試，有些是學業壓力，有些是跟同學相處不好……

然而並不是每個孩子不去上學或者逃學的原因都是如此

清晰的，很多孩子沒有辦法清晰地說出自己為什麼不想上學。有些是因為孩子本身不善於描述自己的恐懼和擔憂，有些是因為孩子拒絕交流內心感受，有些孩子可能是幾種原因混雜在一起，讓他沒有辦法說清楚原因。

心靈上的解脫

「逃」這個行為可以短時間內讓孩子獲得心靈上的解脫。從學校的功課束縛中出走，從即將面臨的考試中逃脫，從不適應的人際關係中脫離，偶爾的離開可能會讓孩子覺得一時輕鬆。但是長期地離開學校，會讓孩子越來越難以回到學校，造成惡性循環，對孩子會有很不利的影響。

逃學行為對孩子的影響

讓孩子與同齡人的距離越來越遠

孩子如果總是逃學或者休學在家，便很難和同學建立緊密的關係，很難發展友誼。缺乏友誼的孩子會感到更孤獨，更不願意跟同學接觸，更排斥學校的氛圍，從而更不願意去學校。

缺失系統的學習和讀書習慣的養成

因為對讀書不感興趣或者在學校遭到責備和壓力而離開學校，以為逃避可以暫時緩解一下心理的焦慮，然而再回到學校，面臨落後的功課和老師的責備只會讓孩子自尊心繼續受挫，厭學的情緒越來越嚴重。久而久之，孩子課業進度越落越多，也無法養成好的讀書習慣。

容易沉迷其他對身心都有影響的行為

青少年本來就自制能力較差，離開學校後，對社會上的一切都很好奇，例如：酗酒、遊戲、吸毒。渴望嘗試，新鮮的事物填滿了孩子空乏的內心，渴望友誼的孩子還容易結識「社會朋友」，把孩子一步步帶離學校，讓孩子處於危險的社會環境中。

孩子「厭煩」學校的心理原因

學業上的壓力

學校的一個主要功能是傳授知識，為了考核孩子的學習效果，就會有各式各樣的考核辦法。對孩子來說，並不是每個孩子都能夠適應學校的教學方法、老師的教學方式。由於教師少，學生多，教師很難面面俱到地照顧到每個學生，就會讓一些不適應學校教學方式的孩子，在學習上顯得無所適從，摸不到頭緒，時間久了，功課越落越多，讓孩子越來越沒有自信，在學校抬不起頭，壓力越來越大，產生逃離的念頭。

社交上的壓力

很多電影作品會涉及校園暴力的情節，而現實比電影更加殘酷。校園暴力離孩子並不遙遠，根據聯合國教科文組織 2017 年釋出的《校園暴力和霸凌》顯示，全球每年有 2.46 億學生因被霸凌而痛苦。

除了校園暴力，孩子在學校還會面對不同程度的社交困難，例如：無法與同學建立友誼，感覺孤獨，無法融入集體活動，被孤立，與同學發生矛盾。這些對於渴望建立社交關係的青少年來說，心理承受巨大壓力，情感沒有辦法交流，學校讓孩子感覺壓抑，找不到內心情緒的寄託之處，讓孩子產生厭學和逃學的念頭。

自暴自棄

美國心理學家德瑞克斯曾經提出：孩子任何不當的行為，都透漏出他的四個目的 —— 過度尋求關注、爭奪權力、報復和自暴自棄。逃學這個行為也是如此，孩子學習行為的發生需要適合學習的環境和一個引導者。適合學習的環境，不僅僅是明亮的教室、寬敞的活動場地，更重要的是環境中的人可以給予孩子歸屬感和安全感，即得到權威（教師）的認可、夥伴（同學）的陪同。但是很多學校由於升學的壓力，教師更關注學生的成績而不是情緒，學生如果成績普通或者較差，在班上很難得到教師的認可，如果遇到教師素養較差的，經常批評、諷刺孩子，就會使孩子有厭學情緒，還容易受到同學排擠，這會讓孩子很難在學校找到歸屬感，孩子就會採取極端的行為逃離學校。

厭學的高發期

2～7歲

這個時期的孩子要從家裡走出來，學習與家人分離，逐漸與社會建立連繫。在這個階段，家長會開始嘗試送孩子去托兒所、幼稚園或者學前機構，孩子對於這樣的生活改變有本能的逃避反應，隨著孩子自我的建立而逐漸好轉。例如：孩子會出現身體上的不適：胃痛、拉肚子、噁心，或者出現行為上的反抗——抱住父母不離開，哭、鬧、發脾氣。隨著孩子逐漸適應新的環境和建立新的關係後，這些身體上和情緒上的反應都會逐漸減輕或完全消失，而有些孩子會在週末或者長時間休假後，出現反覆。

10～14歲

這個時期正是孩子青春期的到來，也是孩子從國小邁入國中的階段，課業難度加大，孩子的壓力增大。正處於青春期的孩子對自我的認可需求更高，這讓他們更加敏感，更有自己的想法，更渴望尊重、平等、獨立和自由。這個時候也是學生跟教師、學生跟學生之間產生矛盾和衝突的高發期。

【家長該怎麼做】

找出孩子行為背後的原因

孩子逃離，一定有逃離的原因。就如心理學大師阿德勒所說，任何行為的背後都有它的目的。孩子在行為上出現了偏離，一定要首先回歸情感。他可能是想透過逃離的行為尋求情感上的支持，只是用錯了方法而沒有找到解決的辦法。在得知孩子逃學時，父母首先要平靜下來，用溫和的態度去了解孩子為什麼選擇逃離。

反思家庭教育方式

越是壓迫，越是反抗。阿德勒強調，從外在控制走向內在控制，能夠內控，也就是能夠自我控制的人，才能夠學會承擔。如果孩子的自制能力不好，在學校遇到問題時，沒有辦法控制情緒和行為，而選擇了逃跑，家長要反思是不是家庭教育的方式產生了問題，沒有很好地培養孩子的自制力。如果家長總是給孩子太多的外在控制、太多的管教或者太過於溺愛孩子，都會造成孩子無法學會自制和承擔。

幫助孩子成為高自我效能的人

心理學家亞伯特．班度拉曾提出「自我效能」（self-efficacy）的概念。他指出自我效能高的人，往往更容易把困難的任務看成需要掌握的東西，而不是迴避。每個孩子在學校都會遇到形形色色的問題，作為家長，我們沒有辦法去代替孩子解決每一個問題，但是我們可以幫助孩子成為自己有勇氣去面對問題、解決問題的那個人，即成為一個高自我效能的人 —— 相信自己，我可以，我會利用自己的力量去把事情做得更好。在日常教育方面，家長除了給予孩子足夠的關愛外，要尊重孩子的特點，不把自己的主觀意願強加於孩子，要大膽地放開手，鼓勵孩子自己去嘗試，去爭取自己想要的；鼓勵孩子透過自己的努力達成願望，孩子成功的次數越多，自我效能感越強，再遇到困難的時候，他會選擇面對而不是逃避。

第 4 節　英語：孩子缺少愛上它的理由

在一家幼兒英語教育機構，即將3歲的小朋友陳儀琳（化名），與其他 6 個小朋友一起坐在教室的地板上。所有的小朋友都不超過 5 歲，一個來自加拿大的老師用英語提問：「Who has a lizard？（誰有蜥蜴），」幾個孩子一個接一個地喊:「I' ve got a lizard. 」（我有蜥蜴）

他們每個人手裡都有一張卡片，上面有 6 張圖片，老師會說出不同物品的名字，第一個將卡片跟老師唸到的物品名字對上的孩子將成為贏家（類似於美國的 BINGO 遊戲）。

陳儀琳的媽媽在窗外看著孩子，告訴記者，8 個月前她送儀琳來這裡上課，每週 2 次，她希望她的孩子可以多開口說英語，孩子最近進步很明顯。

像陳儀琳媽媽這樣期待的家長在國內不占少數。英語是國內大多數學齡孩子的第一外語，並且呈低齡化態勢發展，特別是在大城市，很多家庭從孩子生下來就開始讓他們聽英語歌，看英文字母卡；孩子 3 歲左右，就會送孩子去雙語幼稚園，或者開始參加幼兒英語培訓，一般家庭的英語培訓費用每年人均 10 萬～ 15 萬元。

「我們想儘早地送孩子去學英語，擔心孩子上學以後再學就會落後。」

「我們想讓孩子早點學英語，這樣可以讓他說英語像說母語一樣流利。」

然而並非所有的媽媽都像陳儀琳媽媽那樣收到了滿意的效果。根據英孚英語程度指數報告顯示，臺灣在非英語母語國家中排名38，在亞洲國家和地區中排名第6。而且臺北、新北與其他城市可能落差較大。

「我認為我們更重視英語考試的培訓，而忽視了孩子英語能力的培養。」一位從業5年的國中英語老師說。

為什麼讓孩子學好英語這麼難？為什麼讓孩子開口說英語難上加難？

【孩子不願意學英語行為的心理解讀】

目的性不足

根據阿德勒的理論：任何行為的背後都有它的目的。孩子沒有發生學英語的行為，說明孩子內心對於英語學習的目的不知道或者不明確。

國內學齡前兒童的英語教育，大多是家長心裡的必需品。家長負責選擇合適的英語培訓機構，讓孩子開始英語的學習行為。培訓機構多種多樣，有的相對傳統，採用教師授課，孩子跟讀、背誦、課後追蹤回饋等方式。有的較為新穎，採用外教全程對話、英語歌、英語劇、英語活動等多樣化外語教學，或者稱為沉浸式英語教學模式。因而，孩子們的學習效果良莠不齊。

對 0 ～ 6 歲的孩子來說，雖然處於語言敏感期，但是他們仍然處於一個被動學習階段，對於語言的學習主要是靠聽說模仿，屬於輸入階段。所以，想開動孩子學習的行為，必須要讓孩子有「欲望」。在國內，孩子完全不需要英語，就可以滿足他這個年齡的所有基本需求：生理需求（跑、跳、活動）、安全需求（父母的關心與愛）、社交需求（溝通、交友）。所以孩子很難產生學習英語的欲望，自然學習效果不會太好。

我們可以對比一下國內和北美母語非英語的移民家庭孩子的生活環境。

在北美，即使是母語非英語的移民家庭，父母都是移民，家中仍然用非英語溝通，孩子的第一語言仍然會是英語。為什麼？

孩子在參與社會活動前，還是在非英語的環境中生活，但是到了托兒所或者幼稚園後，孩子所在的社會環境是英語環境，孩子為了適應環境，他需要用英語才能夠滿足自己的社交需求（交朋友、與朋友互動）、安全上的需求（不被同學看低，不與環境格格不入），表達自己的生理需求（要吃飯、喝水、上廁所等）。

透過對比我們可以發現，即便都是母語非英語的家庭，由於孩子接觸的社會環境不同，導致孩子產生了欲望，有了用英語溝通的目的，學習英語的行為也就自然而然地發生了。

環境資源不足

國內的家長們在家庭環境的布置方面也做足了功課，希望透過營造家庭環境，為孩子輸入更多的英文內容。很多家長在家裡經常播放英文歌曲、英文電影，買一些字母卡、英文書等等。好的家庭環境的確會幫助孩子，會不斷地吸引孩子，有可能調動孩子的求知欲，讓孩子有欲望去了解，或者反覆出現學習內容，提高了學習內容出現的重複率，促進孩子記憶，但這些資源遠遠不足。英語對於國人來說仍然是第二語言，孩子每天看到的、聽到的、運用的仍然是漢語，他完全可以透過中文去了解自己想知道的一切。在國外，即便是華人的孩子，也需要生存在 24 小時都是英語的環境中，遠遠超過國內人搭建的短暫的語言環境，孩子自然沒有足夠的「動力」去學習。

考試內容欠缺

對於學齡兒童，考試的方式可以促進孩子學習外語，因為成績直接影響孩子的安全需求（成績不好，被老師、家長責備，甚至打罵）和尊重需求（成績不好沒有辦法得到他人的認同），也會對社交和自我實現需求都有間接的影響。

但國內的考試設計也並不理想。大多數校內的考試（包括會考，學測）仍然以閱讀為主，聽力為輔，口語表達幾乎不占分數，或者不影響總成績。所以學生只需要學好單字、文字即可。而這對英語的能力提高幾乎沒有太大作用。即便是國外的雅思、托福、GRE 等考試，孩子仍然更重視分數，因為分數是決定他們最後能否申請到學校的入場券，所以出國後重新學英語的個案不在少數。

【家長該怎麼做】

英語並不是必需品，家長切勿掉入「比較」的深淵

家長應該了解，學英語只是家長自己的願望，並不一定是孩子的「願望」，只是家長覺得學英語有用，孩子並不一定認為「有用」，或者是家長看到別人家孩子學了，覺得我們家孩子也不能落後，但孩子並不覺得自己不學英語就是「落後了」。

如果家長想讓孩子學習英語，應該培養孩子的內在動力性，讓孩子自己產生學習英語的願望，而不是不由分說地送孩子去上補習班，然後不斷地督促孩子和檢查孩子的學習情況。

幫助孩子體驗語言的樂趣

學習方法是多種多樣的，適合別人家但不一定適合自己家。每個孩子不一樣，接受程度、理解程度、性格、喜好完全不同。但是有一點是相同的，孩子對吸引他的東西都會產生極大的興趣。與其讓他對語言產生興趣，不如讓他對英語故事本身產生興趣，讓他希望去讀懂、看懂故事，產生行為動力。

讓孩子有信心地學習英語

英語對孩子來說本來就是第二種語言，是完全陌生的，對陌生的事物人會有本能的防禦心理和焦慮、緊張的心態，這都不利於學習內容的輸入。根據自我效能理論，當人們相信自己擁有完成某種任務的能力時，他們便願意投入該任務活動中，對該任務採取行動。所以對孩子的英語培養不能操之過急，需要循序漸進，讓孩子一點點地對自己的學習行為產生自信後，才能放下防備，投入學習之中。

第 5 節　網路：誘人的世界，媽媽不懂

隨著 COVID-19 疫情在世界範圍內的爆發，世界各地的各級學校相繼放假，學生在家利用網路完成教學內容；各國飯店、購物中心紛紛關閉，人們利用網路點餐、購物，在家享用美食、購買必需品；為了讓人們待在家裡，各大媒體公司開放媒體資源，人們可以待在家中看電影、最新的影片、明星直播；線上醫療對疫情即時監控；線上辦公……一場疫情讓網際網路的優勢展示得淋漓盡致：高速的資訊傳播、打破地域的限制、低廉的價格，網際網路被推到了浪潮之巔。網際網路的存在及其勢不可擋的勢頭，使它具有獨特的價值和不可替代的優勢。

網際網路對兒童精神、身體健康影響的討論從未休止過。全球資訊共享可以讓青少年透過網路抵達世界各地，認知世界；虛擬社群網路，可以讓青少年跨越距離和時間，透過網路與志同道合的人交流，滿足情感需求；高速的網路傳輸，可以讓青少年隨時隨地呼叫資源，查詢需要的學習內容。網路的私密性，讓青少年遇到尷尬的、私密的敏感問題

時，可以求助於網際網路。

網際網路也可能是洪水猛獸，網路暴力、網路成癮、網路犯罪、網路色情也威脅著青少年。研究顯示，青少年（12～17歲）相對於其他年齡層，上網更加普遍，更有上癮的風險。有相當數量的未成年人存在過度上網的行為，在亞洲，約有20%的青少年面臨網路成癮問題，其中韓國和中國是最嚴重的。

2010年一項針對青少年的調查發現：在網路上花費過多時間的青少年其焦慮和憂鬱的水準更高。還有研究顯示，網路成癮與其他的成癮症類似，會對大腦的容量產生影響，從而導致大腦對情緒的處理和大腦功能產生變化；沉迷網路的程度與學業成績呈負相關，會導致家庭互動減少、影響親密關係，過度地沉迷於在虛擬世界中建立社交關係的青少年，其現實生活關係會遭受不同程度的影響。

【孩子沉迷網路行為的心理解讀】

獲得虛擬的自我認同感

艾瑞克森的理論認為，青少年面臨的主要發展障礙是獲得自我認同感——一種對於自己是什麼樣的人，將要去向何方以及在社會中處於何處的穩固且連貫的直覺。自己究竟是誰，該怎樣做，能做什麼，不斷地困擾青少年，讓他們不斷地去嘗試，透過嘗試去尋求答案，網際網路剛好提供了這樣一個可能。

據統計，有 24％的青少年會在上網的時候扮演不同的人，33％的青少年會給別人虛假的註冊資訊。網際網路相對於現實生活，是一個虛擬的空間，它可以給青少年一個重新建構自己的機會，讓他們去嘗試不同的角色，扮演不同類型的人；網際網路提供虛擬的線上遊戲，讓青少年可以在線上遊戲中體驗完全不同的生活，透過網路獲得自我認同感。2004 年的一個研究報告中指出，青少年利用網路變換自己的身分，並以更受歡迎的身分從線上互動遊戲角色認同等方式獲得更高的自尊。

性發育帶來的網路沉溺

進入青春期後，性發育是這一階段的一個重要特徵。青少年期的另一個主要障礙就是如何正確對待和表達性的感覺。不斷地觀察自己身體的變化，感受自己身體和情感上的需求，他們極度渴望了解這些變化的原因，渴望被引導，被關注，卻又不願與家長或者親密的人提起。網際網路作為一個媒介，為青少年提供了大量的性資訊，以便於青少年搜尋、學習；形形色色的情感故事為青少年提供了性幻想的素材；隱蔽的交友體驗，讓青少年可以完全投入地與網路另一端的人探討性；同時，網際網路也使他們有機會以安全匿名的方式追尋對自己的性認同，避免了在真實世界中展露自己帶來的風險。這些都讓他們沉迷於這個虛幻的世界不能自拔。

情感缺乏，生活滿意度低帶來的網路成癮

2017 年的一個研究顯示，孤獨、情感需求缺乏、生活滿意度低等心理困擾是學生網路成癮的重要因素。青少年時期是敏感的，他們渴望被關注的心態比任何一段時期都強。他們如果在現實社會找不到管道來滿足自己渴望被關注的心理需求，就會傾向於網路。

相比較現實社會，網路上獲取關注更容易，也更刺激。現實社會的社交，需要建立在面對面的基礎之上，這對敏感、羞澀、性格孤僻的青春期孩子是一個極大的挑戰。另外，現實的社交圈子受空間、時間的限制，很難讓面臨學業的青少年來一次說見就見的友誼會面。而網路沒有這樣的局限性，手機可以上網以後，青少年上網變得更加便利。學生可以完全隱匿自己的身分，利用社群軟體交友，可以在虛擬遊戲中肆無忌憚地尋找志同道合的同伴。

青少年渴望獨立自主的個性特徵造就了網路成癮

青少年渴望成人，獨立意識變強，渴望獲得自主性，凡事希望自己解決，但又缺乏解決問題的經驗，遇到一點挫折就會引起他們的情緒波動。這個時候，網路為他們提供了一個可以逃避的溫床，在虛幻世界裡，他們的情緒可以宣洩，可以暫時遺忘不愉快。

【家長該怎麼做】

網際網路之於青少年，就如一把雙刃劍，有有益的一面，也有不利的一面。在科技飛速發展的當代，我們不能迴避科技帶給青少年的不良影響，也不能放棄科技對於青少年發展中占據的不可替代的優勢，我們需要找到一個平衡點，讓青少年利用好網際網路的優勢，幫助其學習、創造、成長。

幫助孩子增強自信 —— 自我效能感

英國心理學家馬克．格里菲斯（Mark Griffiths）說，首先要嘗試理解孩子。如果孩子玩遊戲是因為自尊心受挫，那麼父母應該著手提高孩子的自信心。自信是個體做出並經常保持的對自己的評價。

世界上沒有完美的孩子，父母應該多去發現孩子的優點，多用正向的、積極的話語激勵孩子，關注孩子做到的，淡化孩子沒做到的。言語說服是加強能力信念的有效手段，所以當孩子在嘗試改變時，積極評價表達了對孩子的信任，容易增強孩子的自我效能感。

幫助孩子了解網路以外的世界

很多孩子最開始都是因為無聊而頻繁地上網，每個人都有慣性，孩子習慣了網路的虛擬世界，就會離現實世界越來越遠。沉溺於其中的時候，猶如深陷沼澤很難脫身，需要家長等外在力量的幫助。家長可以幫助孩子合理地規劃自己的日常生活，帶孩子一起出門，參加戶外活動，鼓勵孩子與現實的朋友見面，盡量幫助孩子豐富他的生活，培養孩子其他的愛好，逐漸幫助孩子從虛擬世界走出來。

邀請有經驗的人士與孩子交流

當一個人看到與自己水準差不多的人獲得成功時，就能夠提高其自我效能的判斷，增強其自信心，相信自己也可以完成類似的行為操作。父母可以邀請有這方面經歷的孩子，與孩子一起交流，分享心得，引導孩子從網路世界走出來。

也可以邀請孩子比較信服的長輩，多與孩子探討現實世界與虛擬世界的關係、區別和連繫，幫助孩子分清楚現實與虛擬世界。

專業的幫助

家長應該了解，如果孩子沉溺於網路，孩子可能已經有潛在的焦慮和憂鬱情緒。青少年自我認同感低，很容易產生焦慮和憂鬱。如果孩子的憂鬱情緒很明顯，一定要尋求專業的幫助，防止情態惡化。

關愛孩子

除了對孩子衣食住行的照顧，精神上的關愛對孩子更為重要。一個人的情緒狀態會影響自我效能感的水準，家長要多投其所好，多與孩子交流他們感興趣的事，讓孩子快樂起來。

第6節　過動：一個最常給孩子貼的標籤

小宇又一次被老師找家長了。這一次是因為他上課的時候，舉手想回答問題，他一手高高地舉著，一隻腳就不由自主地踏在了椅子上，椅子一歪，他直接摔倒在地板上，引得全班同學哈哈大笑，還有幾個同學爭相效仿，搞得課堂一片混亂。

「完全靜不下來，坐在椅子上不停地扭屁股，故意製造噪音，跟周圍同學講話，沒人理他的時候就自己跟自己說話，妳這個孩子有問題，快去查查是不是過動症吧！」老師的一席話讓小宇的媽媽很擔憂。

小宇真的得了過動症嗎？

像小宇這樣的孩子並不是少數：特別好動、喜歡講話、上課注意力不集中，甚至是不愛寫作業、喜歡大喊大叫、不愛順從家長的意願等。這類孩子往往被家長、老師甚至是同學貼上「過動症」的標籤。真的是這樣嗎？

【孩子過動行為的心理解讀】

過動症是什麼

過動症又稱注意缺陷過動障礙（attention deficit and hyper-activity disorder, ADHA），是一種兒童期常見的神經行為症狀，它的臨床表現以注意力不集中，存在過動和情緒衝動為主。1987 年，「過動症」一詞首次出現在美國精神醫學學會出版的《精神疾病診斷與統計手冊》中，而這家學會被認為是精神健康診斷機構中最具話語權的機構之一。

雖然科學家們一直不清楚過動症發生的原因，但是對過動症的診斷和治療從未停止過。據美國疾控中心報導，美國患此病的人數從 2003 ～ 2011 年呈持續上漲的態勢，許多科學家和醫學專家從現實角度認為，無論怎樣，這是一個會對人生活產生嚴重影響的疾病，如果不及時干預治療，後果不堪設想。

過動症一直飽受爭議

90 % 被診斷為過動症的孩子沒有不正常的多巴胺代謝

過動症的存在一直飽受爭議，最有名的「討伐者」是哈佛大學著名心理學家傑羅姆·凱根。他曾在接受《明鏡週刊》(*Der Spiegel*) 採訪時，對過動症的神經學基礎表示強烈的懷疑，他甚至指出這種疾病是精神病學家和製藥業為了賺錢而製造出來的。他認為數以百萬計的孩子被診斷成過動症，但是 90% 的孩子都沒有不正常的多巴胺代謝。

早入學的孩子易被誤診為過動症

有一項研究是由 17 個研究小組構成，覆蓋了超過 1,400 萬兒童，分別來自 11 個國家和地區的專家研究指出：在教室裡年齡最小的孩子會被診斷為有過動症並進行藥物治療。

英國藥學期刊的一篇文章也提出：多數早入學的孩子可能被誤診為過動症。「相差一歲，孩子的行為差異會很明顯，而老師往往會給孩子貼上過動症的標籤。」

教師的報告導致誤診

有研究認為：目前，仍沒有對過動症的生物標記物和物理測試方法，仍然相當程度上取決於教師對孩子行為的報告。「在全球範圍內，都存在教師誤導診斷的情況，特別是對年齡最小的孩子。雖然教師並不是直接診斷的人，但是他們通常暗示孩子是可能患有過動症的人。」

被掩蓋的其他問題

澳洲阿得雷德大學一位兒童與精神病學教授還提出：「當孩子在學校受到霸凌、睡眠不好或者遭受虐待或者很多其他問題，有時候也會被貼上過動症的標籤。」

一本名為《過動症並不存在》(*ADHD Does Not Exist*)的書中提出：

> 過動症並不存在，只有兩類人會被診斷成過動症，一類人是有注意力分散和衝動行為的人，另一類是有其他問題需要個體治療的。不應該把他們混為一談，然後貼上一個過動症的標籤。

還有許多醫生對過度診斷和過度用藥，特別是對兒童過早地使用興奮劑治療提出擔憂。

反擊的聲音：過動症患者大腦發育存在差異

但是反擊的聲音也並不在少數。有研究表示：過動症並非是虛構的，如果父母患有過動症，那麼孩子遺傳此病的機率會高達 57%；還有研究指出，腦部掃描顯示，患有過動症的人的大腦存在發育差異，例如：額葉區域的皮質變薄。

過動症的診斷並不容易

同一人身上的症狀會隨著時間而變化

「過動和衝動的行為會隨著年齡的增長而減少，但是注意力缺陷會隨之增加。」這又讓過動症的診斷增加了難度。

專業人員很難全面了解孩子

更多的學者認為，過動症的最大難度是區別診斷：被診斷出過動症的孩子多數都有行為不端的表現，這是不爭的事實，然而並不是出現注意力不集中、活動過度和衝動行為的孩子就一定是過動症。專業人員無法全面了解孩子的背景、個性，那又如何去區分過動症與學習障礙、焦慮症、憂鬱症、閱讀困難等存在類似行為的問題呢？雖然這些行為需要治療或者改善，但是不能一概而論，貼上一個過動症的標籤。

模糊的診斷

在美國，大約有 500 萬的兒童被診斷為過動症，患病率為 3.4%～4.7%。對於過動症的診斷並不是單一的測試，需要基於現象、症狀、行為、病史、環境等，同時還要結合兒科醫生、心理學家、精神病醫生、教師的意見進行全面評估。但專家提出，只有半數的孩子表現出了與過動症診斷相符的認知缺陷，認為現在辨識過動症的方法需要改進，需要增設額外的心理測試。哈佛大學心理學家指出美國過動症病例現正快速增長，他把這個現象歸因於模糊的診斷，並用以下的例子來說明自己的觀點。

「讓我們一起倒退 50 年，如果那時有一個 7 歲的小孩，對於上學感到無聊，並且常常在課堂上注意力不集中、搞破壞影響別人，大概他會被認為是個懶惰的孩子。而現在，他會被認為是過動症。這就是為什麼數字一直在瘋狂增長。」

國內兒童青少年族群中的盛行率約 9.02%，但就醫率約僅 1.62%，診斷率約為 1.24%，而完整治療率更只有約 1%。可見此疾患患者在臺灣仍處於低就醫、低診斷及治療不足的狀態。

【家長該怎麼做】

及早評估

過動症的診斷和治療方案雖然飽受爭議，但是孩子出現的問題行為是不爭的事實。如果家長懷疑孩子有過動症的可能性，一定要去專業的醫院做診斷和評估，及早確診、及早採用科學的治療方案。

對男孩多一些寬容，多一些耐心，多一些等待

但對於一些「類」過動症的孩子的過動行為，作為家長，特別是男孩子的家長，我們需要多一些寬容，多一些耐心，多一些等待。

男孩子腦幹中有更多的脊髓液，血液中的多巴胺含量高於女孩，這也是他們精力旺盛、體力充沛的原因，這讓他們更好動，或者動個不停，他們需要這樣的方式來消耗掉過多的精力。

因為荷爾蒙的差異，男孩子在 4 歲以後，比女孩更具有攻擊性，這讓他們更喜歡打架、淘氣、爭吵。

男孩更多的紅血球讓他們在運動上更出色，但也讓他們更愛跑跳、打鬥。

男孩的大腦中左右腦之間連線結構發育的速度和數量不及女孩，這是男孩子語言能力發育較弱的原因，這讓男孩子顯得「呆頭呆腦」。

男孩更傾向於動手解決問題，因為他們的大腦的右半球內部連線更發達，這也是他們活動不停的原因。

女孩的大腦結構讓她們更善於人際交流和自我控制，這使同齡的男孩顯得更加封閉、急躁和不受控制。

男孩的大腦發育速度整體都慢於女孩，要晚 6 ～ 12 個月。

每個孩子都有自己的節奏，作為家長，我們應該嘗試多給孩子些時間，讓他們按照自己的節奏，逐漸地懂事、成熟起來，我們應該秉持客觀的心態，去看待孩子的與眾不同。

幫助孩子客觀地看待自己

我們還需要知道，一個好動的孩子，承受的壓力遠超於其他的孩子。他們接受了更多來自老師、同學、旁觀者的負面評價，這些會讓他們越來越焦慮和不自信，讓他們不知所措。作為家長，我們需要幫助孩子去正視自己的問題，區分自己的缺點和優勢，幫助孩子客觀地看待自己。

對於好動的孩子，他們的另一面是精力充沛、體力超乎常人。人的精力就如流動的水，宜疏而不宜堵。我們一味地想控制孩子，讓孩子停下來，不如去幫助孩子做一些他真正喜歡的、有助於他成長的事情，幫助他們揚長避短，尋找內心所向。

第三章
社交篇——家庭是孩子最初的社交圈

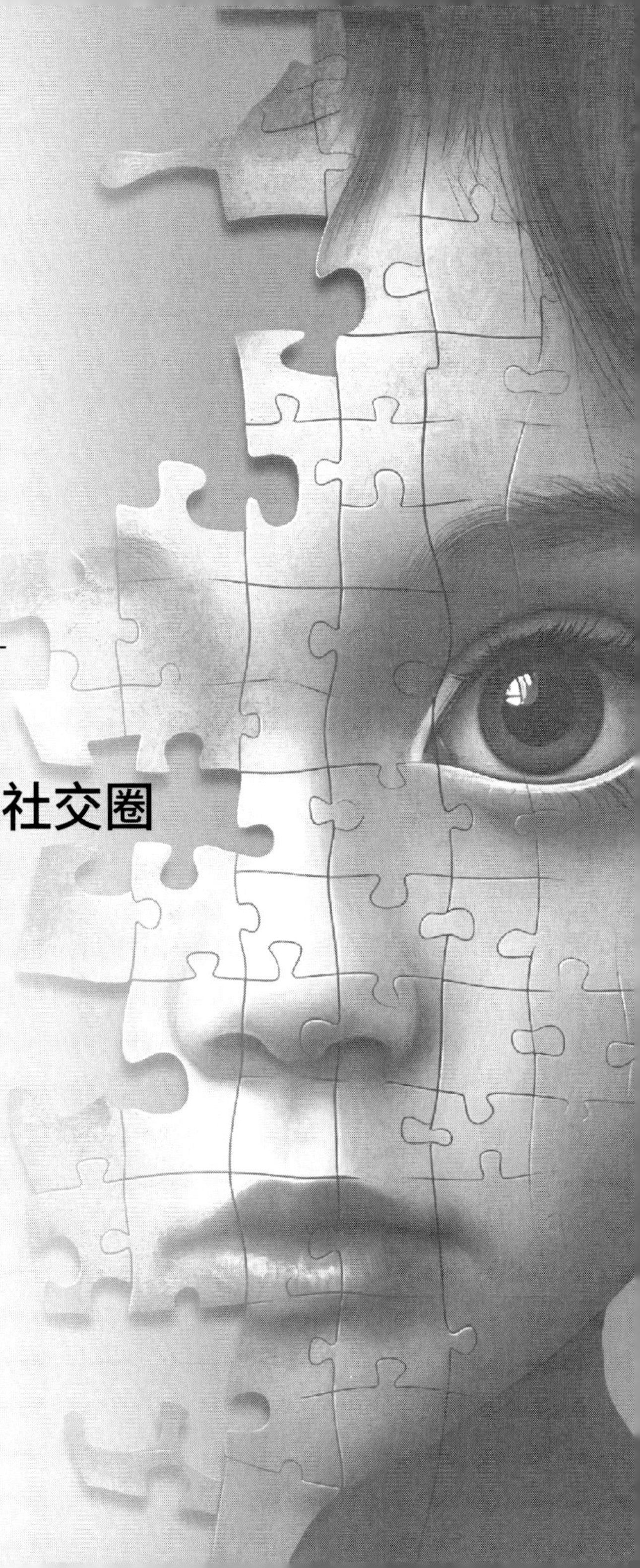

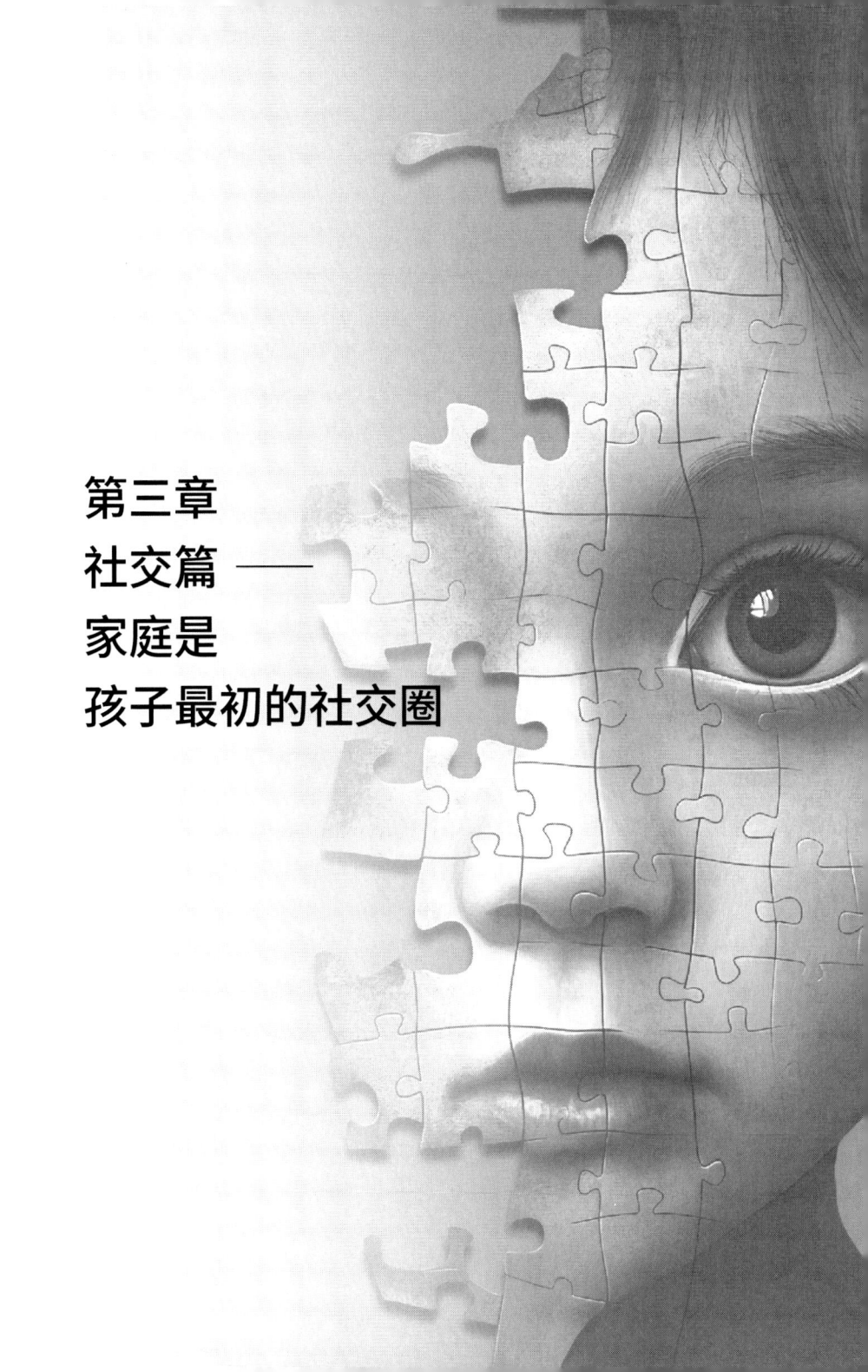

第 1 節　打架：孩子自我意識成長的分水嶺

小震今天在幼稚園打架了，原因是另一個小朋友先打了他，他還手的時候被老師看到了。

媽媽雖然責備了小震，但是心裡也犯嘀咕：

孩子在幼稚園被其他小朋友打，到底該怎麼辦？

跑開？會不會讓孩子一而再、再而三地被欺負？

打回去？會不會以後成了小霸王？

告訴老師？會不會讓孩子被小朋友排斥？

像小震媽媽這樣的家長不在少數，孩子三天兩頭在幼稚園製造問題，有時是被人打，有時是打別人，孩子這樣的行為怎樣引導才好呢？

【孩子打架行為的心理解讀】

遺傳因素對孩子攻擊行為的影響

正如上一章所談到的，男孩體內的雄性激素（睪固酮）水準要高，這是導致男孩比女孩在身體攻擊和言語攻擊上都略勝一籌。

加拿大蒙特婁大學還做過一個有趣的實驗，透過對 555 對雙胞胎進行追蹤和分析，他們發現 6 歲以前出現攻擊行為的原因主要是遺傳因素，在成長過程中攻擊行為會減少，而 6 ～ 12 歲時孩子行為變化是因為環境因素的影響。

需求沒有被滿足

幼兒期間出現的攻擊行為，大多數是因為孩子的需求沒有得到滿足。根據佛洛伊德的觀點，嬰兒期孩子缺乏道德化的本能，他們只會按照自己的衝動行事。直到自我出現後，兒童才能夠對自己的善良行為感到自豪，對自己的違反道德的行為感到愧疚。

嬰兒在 1 歲左右會出現彼此爭奪玩具的衝突行為，這是攻擊行為的萌芽，隨著年齡的增長，衝突只增不減，但是早期的衝突行為，不一定會發展成為未來的攻擊行為。父母的解決策略卻對未來孩子的行為有一定的幫助：當成人可以友善地化解衝突時，兒童會效仿父母的行為，他們往往會在以後面對衝突時，做得更好。

家庭環境對孩子攻擊行為的影響

研究發現，低收入家庭的孩子比中產階級的孩子表現出更多的攻擊行為和更高水準的犯罪率。低收入家庭的父母更傾向於用體罰來壓制孩子的攻擊和反抗行為，這種行為，實際上是為孩子的攻擊行為提供了榜樣。低收入家庭的父母也更傾向於用攻擊的方式來解決衝突，並鼓勵孩子在面對同伴的侵犯時，採用同樣的辦法。

心理學家帕特森（Gerald R. Patterson）提出了強制性家庭環境的概念，他指出在這種家庭環境中，大部分交往都圍繞著一方如何試圖制止另一個成員對自己的挑釁。家庭成員之間很少有親切的交流，取而代之的是不斷的互相爭吵或者挑釁，這種消極的教養方式會不斷地相互影響、相互強化。

電視、網際網路、遊戲暴力對孩子攻擊性人格的影響

父母會利用現代科技來限制孩子觀看到暴力內容，很多手機、電視都有相關的配套軟體。但是還有一類暴力內容是容易被父母忽略的：被孩子們喜歡的英雄角色類的遊戲或者電視節目。父母恐怕不相信，電視節目中的暴力行為有將近40%是由孩子們喜歡的英雄角色做出來的。孩子們在觀看這些喜歡的英雄人物後，他們記住的往往不是那些搞笑的溫和的生活場面，而是「戰鬥」。

同樣，電子遊戲是當下難以避免的兒童娛樂項目之一。電子遊戲中更充滿了各類暴力、打鬥、攻擊取勝的遊戲內

容，更容易幫助孩子養成攻擊習慣。特別是遊戲的形式，兒童會不自主地開始設計、實現攻擊行為來獲取最後的勝利，在獲得成功後，他們整個的攻擊行為再次被強化，相對於電視節目，遊戲的教唆作用更明顯。

攻擊是孩子社會化的一個過程

每個社會都有一系列的情緒表達規則，攻擊也是一種情緒表達方式。兒童在 2 ～ 7 個月開始出現憤怒、悲傷、快樂等情緒，到 18 ～ 24 個月時才能夠開始理解自己和他人的感受。隨著孩子長大，他們在社會化的過程中，才會逐漸學會控制情緒，學會如何表達情緒、如何用溝通的形式來處理衝突，學會自己疏導自己的攻擊衝動，所以孩子在 2 ～ 4 歲會出現一個攻擊高發期，隨後會越來越少，只有少部分的兒童會形成習慣性攻擊。據統計，學前期攻擊性較高的男生到了青春期，只有八分之一還具有很高的攻擊性。

【家長該怎麼做】

儘管說服引導的效果比較好，但是實際上，沒有一種教養方式會對所有兒童都發揮作用，最有效的方式，是能夠適合兒童行為和其他特質的方式。

建立和諧的環境

對於 5 歲前的幼兒，尚處於自我中心階段（無律），這個年齡的孩子對道德的認知並沒有形成，也沒有形成利他主義特質，即分享行為只有在成人教育或者同伴主動提出要求的時候才會發生。對於這一個階段的孩子們，避免他們出現攻擊行為的最好方式是為他們營造一個和諧的環境並有足夠的食物、玩具等，這能有效迴避他們因為需求不被滿足而產生的攻擊行為。同時也盡量迴避他們接受攻擊行為內容的刺激：電視節目、卡通、攻擊性玩具等。

利用正面強化來鼓勵孩子

鼓勵採用正面強化的方式來幫助孩子建立正向積極的行為方式。當孩子出現爭搶、打鬧、攻擊等行為時，除非是非常嚴重的行為，家長可以採用盡量忽略的方式，而當孩子出現合作、分享等積極的解決方式時，家長要表現出積極、正向讚美來對孩子的行為進行強化。這對減少孩子希望用攻擊來引起家長關注的攻擊行為很有效。孩子們很快就會了解怎樣做才是最好的解決辦法。

盡量保持平靜和耐心

孩子無時無刻不在觀察家長的行為舉止和態度，特別是在他們想要發洩情緒的時候。這個時候，家長的一舉一動都是對孩子一個引導。我們要盡量保持平靜並客觀地幫助孩子看到他的憤怒情緒，幫助他們意識到他們正處於生氣狀態，幫助孩子學習了解自己的情緒，告訴他們遇到這樣的情況時，如何可以讓自己平靜下來，處理自己的情緒。讓他們學會換位思考和同理心，學會從對方的角度考慮問題，放下自己的情緒會輕鬆很多。

同時，我們還應該注意自己的反應態度，如果家長表現得過於激動，或者過於強硬地指責孩子，實際上對孩子的行為是再一次的強化。孩子在被責罵的同時，也學會了責罵的處理方式。父母與孩子的交往模式，會無形中被孩子學習、消化，最後內化成孩子的社交模式。

各打五十大板

我們可以耐心地去聽孩子們說完相互指責的話，但是不要讓自己陷入分辨是非、到底是誰對誰錯的泥潭裡，不要把自己當成裁判員。最好的方式就是：各打五十大板 —— 相同的懲罰，給予每個參與者。這會讓孩子們知道，無論最初的原因是什麼，結果都是一樣的。他們彼此攻擊，各打五十大板的懲罰方式就是告訴他們這次戰鬥沒有獲勝方，每個人都要為這次爭奪付出被懲罰的代價。

告訴孩子應該怎樣做

告訴孩子什麼是可以做的，什麼是不可以做的。告訴孩子家庭對他的行為要求的底線，底線是不可以隨便踰越的。同時還要告訴孩子，在他們違反規則時他們會受到怎樣的懲罰，他們的攻擊行為會造成怎樣的後果，和如何彌補自己的過失。當然，這些都需要在心平氣和的時候來完成，如果孩子已經處於攻擊邊緣的情緒狀態中，我們最好的辦法是讓他們先平靜下來，或者帶他離開事發現場。

第 2 節　禮貌：幫孩子學會共情

小琪是一個 5 歲的小朋友。他媽媽最苦惱的事情是他無論是在家裡還是在外面都喜歡亂翻東西。特別是在別人家的時候，每次都弄得很尷尬。

小蕊是一個 8 歲的小女孩，她在學校裡特別有禮貌，同學、老師們都很喜歡她。可是她的媽媽卻很苦惱。

「她經常在家裡指揮我們，對我們（小蕊的父母）呼來喝去，也從不考慮家裡人的感受。」她媽媽說起這件事很無奈。

類似這樣的話題經常可以聽到：

「現在的孩子越來越沒教養了！我跟他說話他連眼睛都不抬，就一直看著手機！」

「家長寵的！」

「造反了是吧？」

「生活條件太好了，把老祖宗的規矩都給忘囉……」

見到認識的叔叔阿姨要打招呼，在公共場合不要大聲喧譁，不要在公共場合亂塗亂畫，跟人交流的時候要看著對方的眼睛，遇到長輩要稱您，收到別人的東西要說謝謝，要離開了說再見……這是筆者小時候家長的教誨，現在這些禮貌還有人教嗎？

「可是現在的孩子們每天的注意力都在電子產品上，他們沒有機會去學習如何有禮貌地交流與社交。而事實上，我們的家長也在為孩子樹立『榜樣』，家長也是一分鐘都等不了地在玩手機。」—— 一項2014年的調查，有75%的家庭在吃飯的時候，都會各自玩著自己的手機，有三分之一的家長整頓飯都在玩手機。

國外做過一個問卷調查，內容是：你覺得現在的孩子比以往更有禮貌了，更無禮了，還是跟以前差不多？四分之三的家長認為現在的孩子不如他們那個年代更有禮貌。

禮貌、教養都是維繫人類社會正常運轉的道德規範，因社會風俗、習慣、傳統不同而不同。

例如：在臺灣，孩子直呼長輩的名字是不禮貌的行為。而在北美，很多家長卻鼓勵孩子這樣做，因為他們認為這樣可以更加平等地跟孩子相處。

【孩子對他人無禮行為的心理解讀】

禮貌行為並非與生俱來

很多心理學的觀點都指出嬰兒是不存在道德規範的。精神分析學派說嬰兒缺乏道德化的自我，直到3歲後才開始逐漸發展。皮亞傑的道德發展理論認為，5 歲之前的兒童都處於無律時期，隨後才逐漸形成道德意識。郭爾堡又在皮亞傑的基礎上，完善了道德發展論，他更強調文化、習俗在道德中的分量。雖然孩子禮貌行為跟隨其道德意識的發展而發展，但兒童在嬰兒期（12 ～ 18 個月）就會表現出利他行為（利社會行為，禮貌行為的早期表現），例如分享玩具，幫助父母做家事。這個時期的孩子可以從父母的情緒中調整自己的行為，但是這個時期的孩子大多數行為還是沒有意識的，而 18 個月以後，孩子會逐漸理解自己和他人的感受。這是一個很好的時機去幫助孩子了解自己的行為對其他人的影響，也是一個好的時機去幫助孩子了解什麼是禮貌的行為，什麼不是。

禮貌行為如何產生

根據班度拉的社會學習理論，他們認為道德行為與其他社會行為是相同的，都是強化懲罰和觀察學習。也就是說，孩子禮貌行為相當程度上是個體所在環境的影響所造成的。而且所謂的道德正確與否與發生禮貌行為所在的情境密切相關。例如：年輕人如果不讓座給年長的人會被視為不禮貌，但如果年輕人正在生病，那麼沒有讓座的行為就會被認為合情合理。

【家長該怎麼做】

關於觀察學習

對幼兒來說，他們像一個吸水的海綿，不斷地從環境中吸取他們觀察到的一切，特別是他們的撫養者。所以當孩子對手機產生莫大的興趣時，家長不妨回憶下自己是不是在陪伴孩子時，經常拿著手機玩。

很多孩子的不禮貌行為來自家長，他們在家庭環境裡學習著父母的一言一行。

關於強化懲罰

禮貌行為與其他行為類似，如果不斷地強化，該行為的出現頻率將會增加。如果是正向強化，孩子的行為會不斷地朝著積極的行為方式發展，如果父母總是對孩子不好的行為進行指責，則同樣構成強化 —— 對孩子不好行為的強化，孩子會朝著相反方向發展。幼兒的自制能力不強，所以，需要家長幫助孩子，不斷地強化好的道德行為，這樣孩子也會朝著好的道德方向發展。

例如：孩子與小朋友分享了玩具，父母需要立刻對這個行為表示出讚賞，這就形成了一次正向強化，讓孩子知道這樣做是滿足父母期待的，是對的。

當孩子搶了小朋友的玩具，父母此時指責，只會再次對「搶」這個行為強化，正確的做法可以是把孩子搶到玩具還給小朋友，並告訴孩子對的方式。如果想拿別人手中的玩具，需要說：「能借我玩一下玩具嗎？謝謝。」

關於合理的要求

父母可以用溫和的、包容的態度給孩子明確的、合理的要求，例如：想要拿別人手裡的東西時，要先詢問；別人給東西之後要說謝謝……孩子有很強的欲望去滿足父母所提出的要求，經過不斷的行為肯定，即當孩子說出謝謝時，給予肯定的讚賞，孩子很快就可以達到父母的要求，形成父母期待的禮貌行為規範。

權威在禮貌行為形成中的作用

當孩子在他律道德期（5～10 歲）時，孩子的道德意識明顯增強，他們會聽從權威，權威對孩子來說是最好的榜樣。這個時候，父母、老師、警察等都是他們心目中的權威。如果這個時候，權威人士可以明確地給予兒童好的行為榜樣，兒童是很願意效仿學習的。甚至是孩子裡年齡大的那個，如果哥哥（姐姐）做出了分享的行為，弟弟（妹妹）就會學到。

兒童 10 歲以後，會有自己的主觀想法，他們會開始質疑他們曾經順從的規則，也會不斷地產生自己判斷行為禮貌與否的標準。這個階段的青少年，開始逐漸進入青春期，在青春期的這段時間裡，他們自主意識開始增強，會對由別人的規則提出質疑，或者不再像以前那樣順從，這會讓家長覺得孩子開始變得沒禮貌了。實際上，在家長感覺到孩子不順從的那一刻起，我們的孩子開始長大了，這是他成長的一部分。孩子開始學著自己思考，將之前十年不斷地學習、已經內化的行為規則重新分析整合，最終形成自己認可的行為規範，並持續下去。

自尊會幫助孩子形成好的禮貌行為

孩子在道德意識的成長過程中，逐漸形成自尊，大概在4～5歲(有些孩子會更早)他們就已經建立起自尊了。

自尊是孩子自己對自己的評價，孩子會對自己多個角度進行自我評價，最終形成總體自我評價。自尊是一個人前進的強大動力，會幫助人進行自我矯正，朝著自己滿意的方向發展。有心理學家指出，人都有一種保持積極的、健康的、向上的自我形象的需求，這是個體發展的基本力量。所以自尊會幫助孩子逐漸朝著好的禮貌行為發展。

我們要幫助孩子獲得自尊感，或者說讓孩子成為具有較高自尊的人，即對自己感到滿意，可以意識到自己的優點，也能看到自己的缺點，並希望克服，對自己性格和能力都感到滿意。

禮貌的行為習慣是持續一生的進修

隨著時代發展變化，對於禮貌的評定標準也不是一成不變的，禮貌的行為規則也在隨著社會的發展變化而變化著。例如：科技無處不在的當下，如何在虛擬世界做一個有禮貌的人，也成為人們茶餘飯後討論的話題。

所以，對於孩子禮貌、行為舉止的引導，也不能急於求成，需要靜下心來循序漸進。不是每個孩子都可以很快地掌握社交規則 —— 比如「見到認識的人打招呼，要有所回應」這個禮貌行為，對於容易型孩子（適應性較強的孩子），可能一次就可以掌握；而對於遲緩型氣質的孩子（對於變動會有抵制的孩子），可能需要更多的次數、更多的時間。

每個孩子都有自己的節奏，作為家長，我們能做的就是提供孩子適宜的成長環境，放下自己的控制欲，做好榜樣示範。餘下的，就交給時間，讓孩子順從他們的意識發展。

第3節 霸凌：霸凌與被霸凌同樣值得關注

我成為今天的我，是在1975年某個陰雲密布的寒冷冬日，那年我12歲。我清楚地記得當時自己趴在一堵坍塌的泥牆後面，窺視著那條小巷，旁邊是結冰的小溪。許多年過去了，人們說陳年舊事可以被埋葬，然而我終於明白這是錯的，因為往事會自行爬上來。其實隨著時間的沉澱，往事雖然過去了，而你心裡的那道門檻依然沒有跨過去。

這是小說《追風箏的孩子》對主角阿米爾面對好友哈山被霸凌的心理描述。

「我剛轉學，沒有人認識我，也沒有人喜歡我，他們嘲笑我的頭髮，嘲笑我的口音，我不知道為什麼。」

國外一個僅有10歲的女孩，遭受校園霸凌，直到她45歲的時候，才肯直視自己這段不堪的回憶。

孩子之間不應有的過激行為稱為霸凌，不只包括身體上的侵犯，還有精神上的貶低、語言上的威脅、嘲笑都構成了霸凌。霸凌的行為通常反覆出現，對孩子的心靈和身體傷害極大，有的時候可能會對受害者造成終身影響。

【孩子霸凌行為的心理解讀】

霸凌離我們孩子並不遙遠

霸凌、被霸凌，在孩子童年期就發生得很頻繁。孩子被霸凌的時間越久，就越容易對他們的身體上、情感上、心理上產生影響。被霸凌的孩子會容易形成退縮、害羞的性格，會缺乏安全感；他們可能會經常頭痛、胃痛，甚至會失眠、做噩夢；他們可能會喪失專注力、喪失自信，甚至會導致自殺。即便是旁觀者，都會有被傷害和害怕被傷害的感觸。

霸凌離我們的孩子並不遙遠。美國的一項全國性調查研究顯示（15,000 人，2001 年）：17%的學生在學校期間被欺負過，19%的學生在學校欺負過別人。最頻繁的年齡是在青少年早期（6 ～ 8 年級，即 12 ～ 14 歲）。世界衛生組織對歐洲、北美等 42 個國家開展學齡兒童行為調查，曾遭遇校園霸凌的孩子約 30%，曾霸凌其他同學的孩子約 24%。

為什麼最善良、天真無邪的孩子，卻成為另一個孩子心底久久揮之不去的夢魘？

家庭環境的影響

「一個高攻擊型的孩子最有可能來自一個暴力家庭，或者在家庭中被忽視。」美國北卡羅萊納大學一位教育學教授指出。霸凌行為是習得的，在家庭中，父母之間頻繁的衝突和攻擊，成為孩子模仿的對象。父母吵架會使兒童心裡難受。而且家庭中的持續爭吵，會讓孩子和同伴的關係變得敵對和富有攻擊性。

當孩子從家庭到了學校（社會），家庭帶給他的社會互動處於負向狀態時，孩子攻擊他人的可能性大幅提高。同時，暴力的家庭，透過暴力行為完成家庭的權力分配，這讓孩子了解到可以透過這樣的行為來獲得自己想要的利益。因此，孩子會模仿父母的暴力行為，利用這樣的行為讓別人服從於自己，達到自己的目的，感受到他人屈服帶給自己的權利感。

在家庭中缺失關愛的孩子也更容易出現霸凌行為。如果父母總是冷漠的，採用斥責、懲罰、家長制，甚至體罰來對待孩子，這會極度挫傷孩子的自尊心，讓孩子內心深處長期處於自卑、壓抑的狀態。這些得不到關懷的兒童，會將內心積壓的痛苦轉嫁給他人，用來宣洩自己內心的不滿。他在洩憤的同時，更渴望的是得到他人的關注，來填補內心的空缺。

教師的影響

根據社會學習理論，孩子在學校期間，會把教師當作權威，作為自己的模仿對象，所以教師對待學生的行為、教師的管理方式也會對霸凌行為有影響。另外，如果在班級內發生了霸凌行為，教師沒有制止和干涉，任其發展，或者不聞不問，這會讓學生收到錯誤的訊號，認為這是可以的、被允許的，這會讓學生的價值觀錯亂，更會增加霸凌行為發生的可能性。

受歡迎的利誘

受歡迎的兒童反而會發起更多的爭鬥，更具有破壞性。我們很難將受歡迎的孩子和霸凌連繫到一起，但是，根據研究發現兒童青少年的受歡迎性和攻擊傾向之間存在正相關。受歡迎的孩子一般是具有魅力的，他們有更好的社交技能，這些孩子們擁有很多孩子期待的東西，他們也被更多人接納，擁有較高的地位，這讓他們隨時可以採用排擠、威脅或者忽視、散布謠言等形式，來攻擊其他孩子，獲得更高的地位，更受歡迎。

這可能是我們最容易忽視的一個層面。比如：很多功課好的孩子，贏得了更多的老師的關心和讚許；在班級裡擔任班級幹部，擁有比其他同學更多的機會和資源，但我們應該注重功課好的孩子利他主義能力的培養，更讓他們願意分享自己的學習經驗，幫助同學，避免功課好的孩子對功課稍差或者在班級比較調皮的孩子的排擠和冷落。

生物的本能

奧地利心理學家康拉德．洛倫茲曾在他的書中《攻擊與人性》提出：「攻擊性是動物的本能，而人也是動物，一開始也是要遵守弱肉強食的叢林法則，孩子剛出生時就和動物一樣，在接受教育前，他們的世界其實就相當於是弱肉強食，他們對弱者不屑，並願意依附強者。」所以對兒童來說，教育特別是家庭的教育格外重要。

網路霸凌影響更為廣泛

網路霸凌已經成為校園霸凌的一種新的模式。由於網路的流傳性，讓校園霸凌事件傳播得更廣，會被更多的人看到，帶給霸凌者更膨脹的虛榮感，同時也帶給被霸凌者更大的傷害。現實生活中的霸凌有時候還會跟網路霸凌同時存在。越來越多的孩子擁有手機，他們會將看到的內容隨時傳播到網路上，或者繼續在網路上實施威脅、恐嚇、散布。這無疑會對被霸凌者帶來雙重的傷害。

缺乏共情能力

對於霸凌的孩子，他們的內心往往是扭曲的，缺乏共情能力。他們看到那些被霸凌的孩子表現出痛苦、難過甚至是絕望時，並沒有讓他們產生共情，沒有體會到被霸凌孩子的痛苦感受，反而產生了一種快感和滿足感。這種感覺，讓他們覺得很爽，即便他們可能會面對懲罰和指責，但是他們樂此不疲。而他們之所以變得如此冷漠和扭曲，更多的還是因為他們的父母、家庭讓他們共情的能力被壓抑，甚至是被挫傷。

【家長該怎麼做】

不要讓孩子形成習慣性攻擊

小朋友在 9 歲以前的打打鬧鬧是很普遍也是很正常的現象。9 歲之前不存在霸凌現象，因為小於 9 歲的兒童經常不能區分什麼是欺負，什麼是一般的爭鬥。但是如果他們的欺負行為不斷地被強化，而沒有被很好地引導，就很容易成為習慣性欺負者，甚至帶到成年。所以，在孩子低齡期間，就要對孩子的攻擊行為採取正確的引導方式（上一節有詳細的講解），幫助孩子建立健康的道德行為。

培養孩子的共情能力

共情是一個人體驗他人情緒的能力，是可以透過方法習得的。當幼年的孩子（9 歲前）出現打打鬧鬧的行為時，家長就有一個幫助孩子提高共情能力的機會，例如：當孩子看到鄰居孩子被欺負的場景時，家長可以詢問如果自己是那個被欺負的人，會有怎樣的感受。這類問題有助於喚起兒童的思考，培養他們的共情能力。

建立一個良好的道德行為環境

對於霸凌這種習得性行為，最好的方式，就是不要讓這種行為的種子得到有益於其生長的環境。

如果是家長，那麼和諧的家庭氛圍是給予孩子最好的禮物，可以幫助孩子在不知不覺中習得共情的能力，也避免了模仿學習攻擊行為。

如果是學校，班級裡要建立一種正向積極的道德行為環境，讓同學們可以共同抵抗霸凌行為，幫助被霸凌者。

幫助霸凌者

更多的霸凌者也是被霸凌者，他們或是在家裡被施暴，或者是被忽視，或者是多次目睹施暴場景的孩子。他們不懂得如何去表達和釋放內心的壓力，不懂得如何去傳遞自己的情感，也不懂得如何積極地社交。他們往往是自卑的，卻又顯得霸氣十足，甚至他們內心是極度脆弱的，只不過是用一層厚厚的霸氣的鎧甲，將自己的內心包裹。所以，我們應該幫助這樣的孩子，給予他們專業的心理幫助管道。例如心理治療、行為糾正等，給予他們心理上的指導。

第 4 節　髒話：孩子急切證明自己已經成熟

剛上幼稚園第 4 天的默默，學會說髒話了。

爸爸很嚴肅地制止了孩子，媽媽也在旁邊有些擔心。

怎麼去幼稚園了還學會說髒話了？

家長們做出很多的努力，來防止孩子聽到髒話；孩子們如果說髒話了，還會受到責備和懲罰；美國會透過監控電視節目防止孩子們聽到罵人的話。可是類似於默默家的情況或早或晚還是會發生，為什麼如此嚴防死守的情況下，髒話還是從孩子嘴裡出現了呢？為什麼大家對於罵人的話這麼緊張？罵人的話對孩子有什麼不好呢？

顯而易見，髒話是很多打架鬥毆行為的導火線。老話講：禍從口出。兩個年輕氣盛的孩子，像兩隻好鬥的公雞，一言不合打了起來，這對孩子的人身安全構成了威脅。

髒話罵人的形式還會對他人構成口頭的騷擾和虐待，是一種人身攻擊的方式。

髒話本身並不具有損害孩子的能力，但是當我們如果看到一個滿口髒話的孩子時，我們會預設這個孩子要麼缺乏教養，要麼家長素養不高，我們還會拉走自己的孩子，讓他少與說髒話的孩子接觸。

【孩子說髒話行為的心理解讀】

髒話更容易被記住

髒話大多帶有感情色彩，是帶有情緒化的詞語，相比較於中性詞語，髒話具有其獨特性，容易吸引我們的注意力，更容易被孩子們儲存在大腦裡。就好像我們更容易記住那些大起大落的悲喜劇情，而不是瑣碎的柴米油鹽生活一樣。雖然在教室裡，在老師、父母面前孩子們不會說髒話，但一旦遇到適合的情景，髒話就會脫口而出。

據美國的調查研究顯示，在學齡期的兒童（6 ～ 7 歲），每個人掌握的髒話詞語不少於 30 個。這個數量讓大多數家長感到驚奇，為什麼知道這麼多髒話的孩子，卻從沒見他說過？研究指出：家庭環境、父母的要求、社會氛圍、孩子的行為習慣和情緒狀態讓孩子沒有機會說出口。

說髒話的行為會跟到墳墓裡

美國一位教授在 2009 年發表了一個觀點：說髒話幾乎和學說話是同時發生的。他說：「我們從會說話起，直到老年痴呆，髒話還是會從我們嘴裡蹦出來。」我們以每 200 個單字一個髒字的速度在說髒話，在青春期達到巔峰，男人比女人說得要多，還有一點很重要，人和人的差別很大。

幼齡兒童的髒話

0 ～ 6 歲是孩子對語言敏感的時期，這個階段的孩子說「髒話」的時候只是對說話本身非常感興趣，並不理解髒話的意思。特別是髒話相對於普通詞語，更具有感染力，發音更突出，更能吸引孩子的注意力，更容易讓孩子感受到語言的力量，所以，好奇的孩子在聽到之後，越說越起勁，反覆地練習。當他掌握了髒話之後，非常興奮，爸媽自然就會看到一個說著髒話、興奮不已的孩子出現在眼前。

青春期是孩子說髒話的高發期

青春期是孩子說髒話的高發期，這與青春期的心理狀態有著密切的關係。

讓自己顯得成熟

青春期是一個尋找自我、證明自我的一個時期。孩子逐漸成熟，並且急切地渴望自己成熟，語言就是讓自己看起來成熟的一個管道。他們模仿成人的用詞，他們學著成年人的說話方式，包括說髒話，他們會認為這就是成熟的象徵。

年輕人的風氣

青春期渴望被認同，孩子們不再自以為是，而是瘋狂地渴望從別人的角度獲得對自己的認同。他們會彼此影響，特別是模仿那些看起來成熟的同齡人，說髒話也是其中的一種。他們有跟風的心態，為了尋求同伴的認同，為了在團隊裡尋找歸屬感。他們對這種可以表現出力量感的語句特別著迷，他們彼此都覺得這很時尚、很酷。

情緒的宣洩

青春期也是思想動盪的時期，孩子們被激素攪亂了自己原有的步調，他們需要重新從一片混亂中找出自己未來的方向，自己是誰，自己要往哪裡走。這在心理學裡又稱為同一性。所以他們會有那麼一段迷茫的時期，因為他們需要重新透過學習、社會交往、興趣等來發掘新的自己。這個過程並不容易，有的時候還會遇到困難和阻礙，這讓他們的情緒更加起伏不定，他們需要宣洩，需要一種方式表達，髒話可以滿足他們的需求。

他們不認為是髒話

孩子跟家長永遠有著因為年代和年齡帶來的代溝，特別是在語言的表達上。孩子們會透過電視、上網，聽到和看到很多介於髒話和正常表達中間地帶的邊緣化詞語，這些詞語有的是新詞、有的是老詞新意，總之，孩子們認為這些詞語被廣泛地流傳在媒體上，這屬於正常生活可以接受的詞語，不屬於說髒話。

【家長該怎麼做】

語言暴力與行為暴力都屬於一類，都是習得性行為，所以，家長如果不想在家裡聽到孩子說髒話，首先要做好示範，做出榜樣，做到自己不說髒話。

對於語言敏感期的孩子

平靜以待

家長遇到處於語言敏感期的幼兒說髒話，切記不要批評、指責，孩子並不清楚自己說髒話的意義，表達的也完全不是父母心裡認為的意思，所以，家長不妨冷靜下來，平靜地看待這件事情，給孩子一點時間，孩子的新奇感過了，自然就不說了。

做好模範

家長是孩子語言學習的第一榜樣，在這個時期的孩子，他們很渴望學習說話，他們的小眼睛、小耳朵無時無刻不在關注著父母的嘴、父母的聲音。所以家長在做好自己、保證自己不說髒話的前提下，還要盡可能地多教給孩子一些詞語，來表達他們逐漸豐富的情感和逐漸複雜的需求。

明確立場

父母也不能完全坐以待斃，在孩子狀態好的時候，要跟孩子明確哪些詞是好的，哪些是不好的，什麼可以講，什麼講了就不對。用正面教育的方式，幫助孩子學會正確的表達。

對待青春期的孩子

平靜，再平靜一點

聽到青春期的孩子說髒話，父母很容易因為著急而跟孩子處在對立面，使得渴望自主和獨立的孩子更加排斥父母。所以，遇到孩子說髒話的情景，先讓自己平靜下來，告訴自己這一天終於來了，終於可以跟孩子好好探討一下「怎麼樣說話」這個問題了，然後再去跟孩子交流。

告訴孩子這不是一個成熟的人應有的表現

成熟的人是會控制自己情緒的人，是會用得體的語言表達自己情感、內心需求的人，而不是說髒話。放下自己家長的架子，放低自己的姿態，像朋友一樣跟孩子分享自己青春期時做的出格的事，這樣會使孩子們有興趣願意聽下去，再慢慢告訴孩子成熟的人表達需求的方式。

多聽聽孩子怎麼說

也許我們真的認為孩子說的那句話太讓人難以接受了，或者玻璃心的只是我們自己而已。不如多找一些機會，跟孩子坐在一起，聽聽他們的說話方式，看看他們所關注的新聞，了解一下他們最近在追的劇，或許慢慢就會放下自己心裡沉重的包袱 —— 孩子不是學壞了，他只是長大了。當我們更了解自己的孩子時，我們不知不覺地也學會了年輕人的表達方式。

明確哪些話是雷區

我們雖然可以平靜地接納並用朋友的方式暢聊，但是我們的觀點需要明確，有的話，就是不可以說，或者不可以在家裡說，特別是一些帶有侮辱性、傷害性的詞語，讓孩子了解到，這樣的詞會傷害到別人的，是社會接納度的底線。但是我們也要接受一個事實 —— 孩子可能接受，也可能只是表面接受，因為我們無法阻止孩子在外面說髒話。

像對待成年人一樣對待孩子

我們需要再強調一次，青春期的孩子視同自己已經成年，他們比任何一個時期都渴望自己的獨立。所以，忘記我們之前十幾年對他們說話的方式吧，是時候改變了。如果可以，像朋友一樣做好約定，什麼樣的話可以說，什麼樣的話家裡不可以說，什麼樣的話即使在外面也不建議說。如果孩子的心情不好，不要讓自己像孩子一樣幼稚，對孩子大聲說話，這樣只會把他們吼走，讓自己更加被動和騎虎難下。

第 5 節　孤獨：不愛社交的孩子

前段時間我追了一個美劇，是《宅男行不行》的外傳——《少年謝爾頓》。男主角謝爾頓（謝耳朵）從小就是一個智商超群、性格古怪的小朋友。直到他 9 歲，他媽媽突然意識到，小謝爾頓沒有朋友！這可急壞了媽媽，她想盡了一切辦法，幫助謝爾頓找朋友，直到看著謝爾頓跟他的第一個朋友在一起玩心愛的火車時，門外的媽媽留下了兩行眼淚。

生活裡，像謝媽媽這樣的媽媽不在少數，我想也只有媽媽們能懂這份心情——孩子有朋友，擔心交到壞朋友；孩子沒朋友，擔心孩子孤獨、寂寞。本節我們就一起探討有關孩子交朋友的問題。

【孩子不愛社交行為的心理解讀】

我們越來越孤獨

一份報告顯示：在美國，有 30%的青少年認為自己大多數的時間感到沮喪、孤獨和不開心；有四分之一的成年人選擇獨居；類似於紐約這樣的城市，獨居的比例甚至會超過一半。我們暫且不討論獨居對於成年人的影響，對孩子來說，他們需要互動的社交行為來幫助他們完成心理、社交以及身體的發育。

兒童社交性的發展

對於孩子交朋友的行為，在心理學中稱作社交性，即一個人在社會互動中與他人交往和尋求他人注意或讚賞的意願。出生 1 個月左右的嬰兒就會對其他嬰兒表示出興趣；大約 6 個月的時候，他們開始出現互動，比如：彼此發出聲音、微笑、伸手。12 ～ 18 個月的幼兒開始會有更複雜的交流，18 個月以後，幾乎所有的兒童可以跟同齡夥伴進行和諧的交往，這時兒童就已經形成了明顯的社會性交往。

在孩子 4 ～ 5 歲時，他們會傾向於尋求同伴的注意或者認同，而不再以依附成年人為主。在 6 ～ 10 歲時，兒童的社交形式開始出現同儕團體的形式；到了青春期逐漸演變成為小幫派。幾個類似的小幫派又會形成小團體，小幫派也會從同性變成混合性別，最終親密的異性友誼關係和戀愛關係形成，小團體解散。

天生的社交專家

很多孩子是天生的社交專家，他們自信、外向、很容易和其他孩子交朋友，而還有一些孩子，他們安靜、害羞，甚至有些社交恐懼。但是大多數孩子的個性是介於這兩類孩子之間。

當孩子有了第一個朋友，他們很快就學會其他的社交技能，比如：如何解讀他人面部的表情和肢體的語言，如何與他人合作。當孩子逐漸長大，他們開始有了更多結識新朋友的可能。他們會因為興趣和愛好而結識不同的朋友，會因為到了一個新的集體而開始一段新的友誼，會因為朋友而認識新的朋友，然後參加新的團體活動。友誼是生活的重要組成部分，但這並不意味著每個人都會自然而然地交朋友。這對一個社交專家型孩子來說，是輕而易舉的事情，而對有的孩子來說，的確需要一些幫助。

需要幫助的孩子

害羞的孩子

據研究，有 11%～ 15%的孩子有過分害羞的傾向，這是孩子交友的巨大障礙。被新團體接納的兒童，能有效地發起互動並且積極地應答團體內同伴的邀請，他們可以順利地開始一段對話，並且善於傾聽和理解同伴的回應。而過於緊張和害羞的孩子，他們很難進入互動的環境，緊張會讓他們沒有掌握好回覆的時機，又或者他們不善於發起一個話題，他們常常是團體中被忽視的兒童，徘徊在群體邊緣。

易起衝突的孩子

還有一些孩子，是團隊中的搗亂分子。他們不懂得合作、分享、協商，缺乏共情能力，愛出風頭，總是以自我為中心，他們有時候顯得過分直接，甚至是有些急躁，他們總是想要打破團體的規則，結果卻是被團體排除在外。

個性較強的孩子

個性強的孩子，他們是團體中有爭議的那類人，喜歡他的孩子會與不喜歡他的孩子一樣多。他們按照自己的方式做事，並不主動參與互動，他們會因為自己的個性吸引跟隨者，但也會被不喜歡的人排除在外。

幫助需要適時而定，適可而止

沒遇到對的人

這種情況也很普遍，特別是對於個性較強的孩子，可能家長沒有給孩子提供一個適合他的環境。孩子之間的友誼也是基於共同目標或者共同利益的基礎上，如果你的孩子在某些方面有極突出的特點，那麼他很有可能是團體中特別的那個，會被其他孩子排斥在外。就像《宅男行不行》裡的謝爾頓，他可以和一群一樣奇怪的博士生活在一起，但是他卻跟他的妹妹無話可說。或許你的孩子也是這樣的一類人。

內向並不等於孤獨

在我們想要介入孩子的社交圈時，我們應該先判斷下孩子的性格。如果是外向型孩子，他的精力主要來源於外部世界，他們渴望影響或者被外界影響，他們需要很多同伴的陪伴。社交活動、喧鬧的場合、周轉於形形色色的活動場地是他們需要的。而內向型孩子呢？他們的精力主要來源於內心世界，他們更喜歡安靜，社交活動會消耗他們的精力。80%的內向性格的人認為，相對於和其他人在一起，他們更享受獨自一人的時光；而外向性格的人只有 29%。

如果我們的孩子剛好是內向型的孩子，那麼不要對他常常一個人待在家裡安靜地看書、一個人在戶外跑步，甚至一個人在房間裡發呆的事感到奇怪，這是他們認為安全和舒適的方式，這也並不代表他們沒有朋友，他們只是喜歡專注於一項活動，並且更喜歡在參與團體之前先觀察下情況而已。

網路世界的影響

現在越來越多的孩子會透過網際網路來達到自己的社交目的。網際網路像呼吸一樣存在我們的生活裡，對於孩子也一樣。他們在網路上學習、玩遊戲、使用社群軟體、參加自己喜歡的興趣小組、分享自己的體驗，他們把現實生活中的交友管道完全地遷移到了網路上，自然他們的朋友也在網路上出現了。

朋友並不是越多越好

當一些孩子面臨交友困難的問題時，還有一群孩子存在維繫友誼艱難的現象。他們總是很容易地開始一段友誼，但是很快，他的玩伴又換成了另一個。相比較於頻繁地更換朋友，能有一兩個穩定的、能維持長久的友誼的朋友，更能給予孩子社交需求的支持。

【家長該怎麼做】

相信孩子

如果不是孩子主動提出，作為家長還是盡量多給孩子一些時間，讓他們慢慢地體驗從家庭走向社會的這個過程。特別是 3 歲以前的孩子，社交並不是他們的主要任務，他們更喜歡留在成人身邊，並尋求身體上的親近。我們也不要過度地擔心，我們要相信物以類聚，人以群分，相信孩子有這樣的能力，吸引到跟他自己有共同興趣愛好的朋友。

讓孩子擁有自己的興趣

興趣是開啟友誼大門最好的入場券，引導孩子培養一個感興趣的項目：足球、棒球、游泳、讀書、繪畫、音樂等，興趣會讓害羞的孩子增加和同齡人接觸的機會，會幫助他進入一個志同道合的圈子，增加他遇到合適的交友對象的機率，這都有益於孩子自己結交到朋友。

家長要靠後

在幫助孩子社交行為上，我主張家長退後一步，給孩子更大的空間。雖然我們可以為孩子組織聚會、要求孩子去參加活動、舉辦一些尷尬的聚會來強迫孩子急交朋友，但我認為，這些做法都讓孩子處於被動的位置，有越俎代庖的意味。

靠後不代表不管，我們仍然要關注孩子的動向，比如：透過抓住去學校的機會，跟老師了解下孩子的交友情況，如果孩子週末或者假期總是待在家裡，我們要了解下他是不是被同學排斥在外，還是他只是內向的一族，想自己一人待在家裡而已。

接納孩子的變數

對那些頻繁更換朋友的孩子來說，我們也不要太擔心，孩子本來就是不斷成長變化的。當孩子從國小升到國中，當孩子有了新的興趣愛好，當孩子離開了原來的興趣班，他的交友圈都會隨之發生變化。但是我們要逐漸地引導孩子，讓孩子了解什麼是真正的友誼，什麼只是泛泛之交，鼓勵孩子建立持久的友誼關係。

不要為了友誼而友誼

人是群居屬性的，孩子本能地希望被接納，和諧地與人相處。但是如果孩子為了成為團體中的一員，為了讓別人喜歡自己，不斷地滿足別人的需求，過於妥協和壓抑自己的個性，這反而不利於孩子的成長和發展。這樣的孩子往往是敏感的，他們渴望被關心、被在意。如果恰好你的孩子是這樣的，作為家長也該反思，自己是不是平時對孩子的要求過於嚴格，讓孩子總是覺得自己不夠好，總是在犯錯，不斷地被給予諒解，讓孩子內心中充滿自卑感，從而將家庭中的關係模式帶入社交環境中，讓他與同伴接觸的時候也主動放棄自己的立場，小心翼翼地隱藏自己的需求。如果是這樣，家長需要調整自己對待孩子的方式和方法，給孩子一些自由的空間，接納孩子本來的樣子。

第 6 節　Cosplay：孩子的愛好，媽媽不能體會

你一定在電視上、網路上，甚至街上、購物中心裡見過這樣的一群人，他們穿著五顏六色的衣服，甚至頭髮都是不同顏色的（也有沒有頭髮的），行為舉止也跟服裝相配合，他們彷彿從動漫書裡走出來，這種裝扮的行為就是 Cosplay。

什麼是 Cosplay？ Cosplay 這個詞是 costume 和 play 的混合詞，是指利用服裝、影片、道具及化妝來扮演動漫作品、遊戲，或者古代人物的角色，中文也可以翻譯為服飾裝扮，是源自美國、被日本動漫界發揚光大的一項活動，1990 年代開始在臺灣出現，從最初的小眾群體，到現在呈上升發展趨勢，但是爭議也從來沒停止過。

【孩子愛 Cosplay 行為的心理解讀】

「沉迷 Cosplay 的人一定有心理問題。」「包容吧，又沒傷害、影響別人。」「勞民傷財，有這個精力不如好好讀書。」「接受不了，我不會跟這樣的人做朋友。」「這是一種正常的興趣愛好，跟彈琴、學書法沒什麼區別。」「Cosplay 已經形

成一種文化，這是一種文化展示。」

對家長來說，擔心的更多一些：孩子為什麼喜歡花費這麼多的精力扮演一個虛擬人物？不光是穿著上，連行為舉止甚至思考方式都延續漫畫裡的樣子。這些看起來很輕浮的裝扮的後面到底是一群什麼樣的孩子？會不會帶壞了我的孩子？我該支持孩子的這個喜好嗎？

Cosplay —— 文化的展示

其實還有很多跟 Cosplay 類似的行為，比如化裝舞會、萬聖節的裝扮等，都是從書籍、電影、漫畫、遊戲、電視節目裡選擇自己喜歡的角色，進行裝扮。這種裝扮行為，還具有地方特色，是一種地方文化的展示。不同於日本的動漫，在北美，更多的人會選擇來自北美漫畫、科幻小說的人物進行裝扮；而在中國，會有來自中國神話故事、古風特色的形象等。

為什麼風靡全球

最簡單的回答就是—因為喜歡、有趣

裝扮成自己喜歡的人可沒那麼容易，這需要極大的耐心和智慧。一般喜歡玩 Cosplay 的是青少年 —— 囊中羞澀一族，而無論是經濟繁榮的日本、資源豐富的北美，或者是臺灣這一套從頭到腳、從內而外的裝扮並不便宜。對臺灣來

說，服裝的易得性遠不及日本，孩子們還要花費大量的心思去尋找，甚至自己縫製，有的時候還需要一些想像力。這個動手裝扮的過程，讓他們樂在其中，當他們看到鏡子裡裝扮好的自己的那一刻，認為一切都是值得的。

獲得自己或者他人的認可

孩子們從書籍、電腦、電視等管道攝取了大量的人物形象，這些人物已經構成了他們生活的一部分：有的是行俠仗義的英雄，有的是花季美少女，有的是行為舉止怪異的科學家。他們在裝扮的過程中，感覺到自己成為自己喜歡的人，他們模仿喜歡的人物的行為舉止，他們學喜歡的人物那樣說話、思考，他們覺得自己具有喜歡的人那樣的人格魅力，這增加了正處於青少年時期孩子的自信。「這感覺棒極了！」一個把自己裝扮成哪吒的網友在網路上寫道。

是找到志同道合朋友的管道

無論是為一場化裝舞會裝扮，還是參加一次專業的 Cosplay 的競賽，這都讓喜歡裝扮的年輕人聚集在了一起。他們互相探討著設計靈感、用料選材，交換自己喜歡的人物性格特點、精采感人的故事，互相拍照合影留念、交換社群軟體的聯絡方式，分享自己的裝扮心得甚至是遇到的挫折和困難。

最讓人意外的是，有很多角色扮演的人都是性格內向的人，這無疑是這類孩子們交友的最好管道之一，讓他們走出性格內向的交友困境，從網路和虛幻的動漫世界走到現實中來，讓他們找到自己的圈子。內向的人可以透過角色扮演來展示自己，另外，也可以幫助自己認識到自己的另一面。

送給別人快樂，也帶給自己快樂

很多時候我們會在公共場合看到裝扮的人群，他們根據場合的不同扮演不同的角色。比較極端的例子就是迪士尼樂園裡，他們裝扮成孩子們喜歡的卡通人物，跟孩子們合影，甚至有些小孩子真的以為這就是他的童話世界裡的那個英雄人物，他們竟然見面了。這無疑帶給孩子們快樂，而快樂是會傳遞的。

在互換角色時，為自己充電

任何一種角色扮演的行為都是一種換位思考，一次共情的經歷。「恰當的角色扮演可以幫人從痛苦中走出來。」心理學家羅森堡（Morris Rosenberg）說。例如：讓一個有心理創傷的人扮演蝙蝠俠，一樣經歷了毀滅性的創傷後浴火重生的人物，為他的生命充入能量，鼓舞他重新站起來。

每一次扮演都是對一個人物深刻的理解後的原型再現，都需要扮演者不斷地去體會人物的性格特點、理解他的內心成長歷程，這個過程就是一個對自己內心修復的過程。

生活充滿了角色扮演

兒童在嬰兒期就會出現類似於角色扮演的行為，我們稱作假裝遊戲，是學齡前兒童的一種重要遊戲類型，對兒童的認知、情緒、情感以及社會性的發展都有積極的影響。心理學家格羅斯認為，兒童的角色扮演是一種本能的需求，是對生來不完善本能的練習。我們熟知的「扮家家酒」就是一種。

兒童們有的時候是自己，有的時候是幾個人在一起，扮演他們從成人那學到的內容，模仿成人做事。比如：在廚房做菜，替寶寶換尿布，到醫院打針，到零售店買東西。有的時候也與真實生活不相關，是孩子聽到的加之自己想像的內容的演繹。

其實成年人每天也都在扮演不同的角色。一個班級的導師，孩子的媽媽，丈夫的妻子，媽媽的女兒，我們在不同角色中切換，滿足不同角色的需求。

在心理學上，還有一種行為療法叫角色扮演，是讓來訪者跟諮商師就與來訪者相關的一件事進行角色扮演，目的是透過重演當時的情景，讓來訪者了解他人的處境，對自己的想法產生新的認知，從而對自己的行為進行調整。

所以，並不是只有那些玩Cosplay的人在從事角色扮演，角色扮演每天都在進行中。

【家長該怎麼做】

作為父母，我們應該給予孩子怎樣的支持呢？

支持孩子的愛好

這是最簡單也是最直接的做法，就是支持孩子的選擇，支持孩子的愛好。投入做一件事情，並且做得有聲有色，這是非常難得的。

這並不是一件簡單的事情，孩子們從千千萬萬的角色中，選擇了自己欣賞的、喜歡的，這本身就是一種自我認知的能力。他們又用自己的方法把他喜歡的人物透過模仿傳遞出去，這是一種模仿學習的過程，幫助孩子提高共情能力，這也是人與人建立交往的重要能力。孩子為了達到最好的裝扮效果，需要對裝扮方案一而再再而三地優化，這無疑是一個真實的實踐項目，孩子從中學習如何做預算、採購、裝扮，用最經濟的方式取得最好的效果。

幫助孩子遠離危險

如果我們粗暴地干涉孩子交友，那是最愚蠢的做法。或許跟孩子一起玩，是一個好的方法。鼓勵孩子參加正規的活動、比賽，這樣為孩子劃定了一個較安全的區域。跟孩子一起參加家庭友好的活動（鼓勵家長一起參加的活動），這樣可以跟孩子有更好的互動，更多地了解孩子。盡可能地陪孩子參加活動，當他們的助理 —— 拿衣服、在有粉絲的時候為他們拍照，在孩子沒提出需求的時候，我們要盡量地靠後，給孩子更大的空間，讓他們盡情地與夥伴交往。

接納孩子的不一樣

或者我們內心期待孩子的裝扮是迪士尼樂園裡的白雪公主，可是她偏偏選擇了扮演驚奇隊長。或許我們應該想想，驚奇隊長的哪個方面打動了孩子，讓孩子選擇了走進她的內心世界。

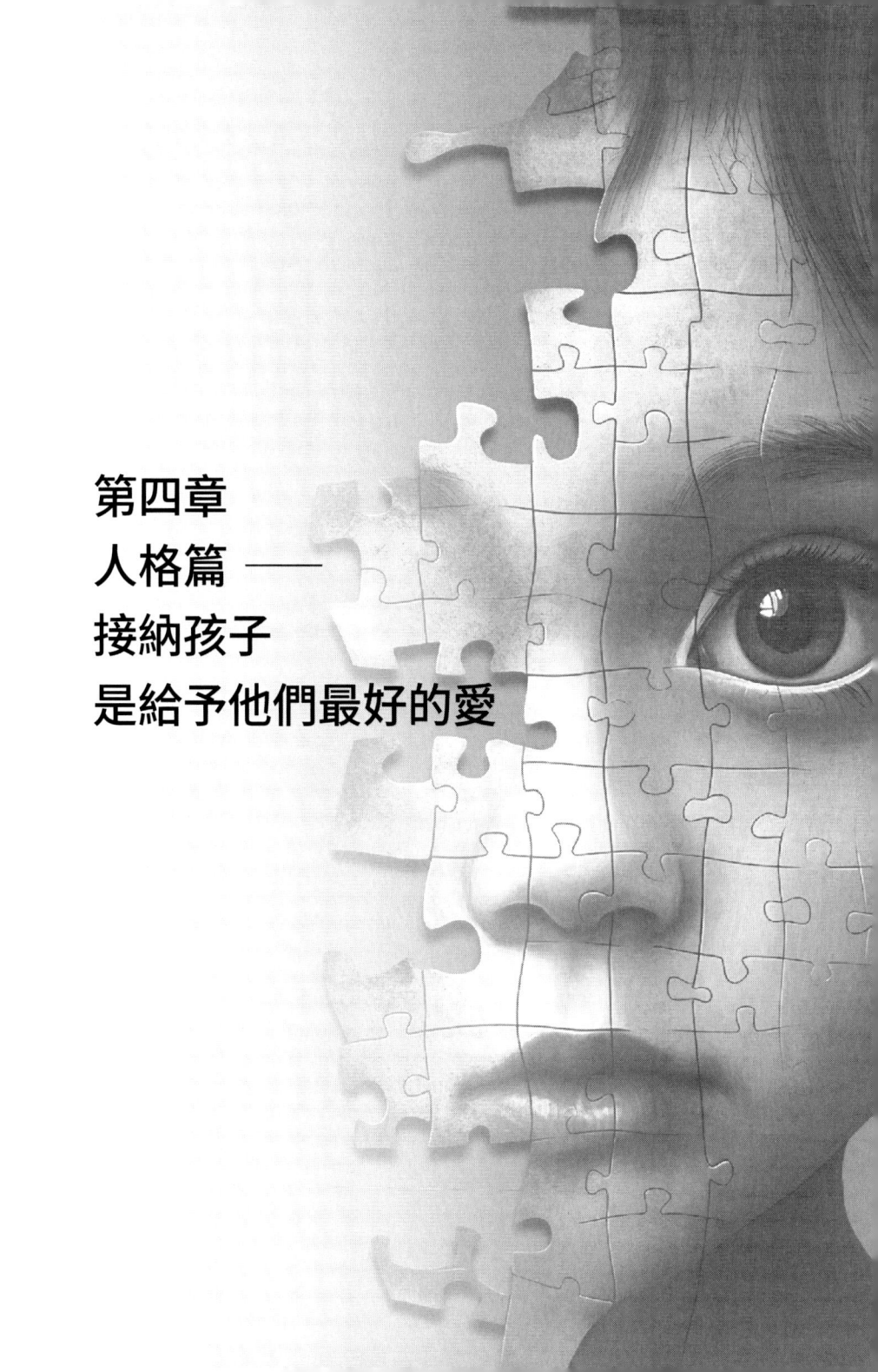

第四章
人格篇 ——
接納孩子
是給予他們最好的愛

第 1 節　黏人：親密依戀關係的副產品

總是有媽媽問起：我家孩子從出生就沒離開過我，一天 24 小時在我身邊，醒著的時候我陪他玩、陪他吃飯、給他洗澡，睡覺的時候還要陪睡，現在就連我上廁所的時候都跟著我，一旦我離開他的視線，他就到處找我。我一點自己的空間都沒有。現在更嚴重了，一旦我要是做點自己的事，回來之後他就會變得更黏我！這樣的日子什麼時候到頭！！

很多家長會抱怨孩子黏人，小的時候也就忍了，上幼稚園之後，別的孩子已經到處找小朋友玩了，可是家裡的這個小黏人精無論去哪都要拽著媽媽的手臂，要媽媽陪著；有些孩子即便是上學了，回家也要家長在家陪伴，不准爸爸媽媽單獨出門不帶他。

【孩子愛黏人行為的心理解讀】

「黏人」是指孩子與父母分開時，表現出來的很強的情感上和行動上的需求。孩子黏人一般常見於幼年，有的會持續到孩子上小學。

嬰兒一般會用哭來表達自己對父母離開的不滿，大一點的孩子可能會追著父母討抱，有些比較嚴重的甚至會崩潰。

我們俗話所說的「黏人」的行為，對孩子來說是非常常見的行為，也是非常正常的現象。父母以平常心來看待孩子的這個行為，充分接納孩子的感受，就能很好地幫助孩子度過這段時期。

依戀與分離焦慮

當孩子與父母建立起依戀關係時，他的分離焦慮也就隨之而來了。

剛出生的寶寶在 4 ～ 9 週的時候，會開始注意媽媽的面孔。3 個月大的孩子，如果母親對他笑他通常就會用笑容回報，並且期待從母親那得到有意義的回應。約翰·鮑比和瑪麗·愛因斯沃斯將孩子與照料者形成的依戀關係分成 4 個階段。

◇ 非社會性階段（0 ～ 6 週），這個時期的嬰兒對社會或者非社會資訊都會發出偏好反應，很少會有抗拒行為。這個時期的寶寶總會莫名地發笑，我們也稱為非社會性微笑。

◇ 未分化的依戀階段（6 週～ 6、7 個月），這個時期的嬰兒對人表現出更多的偏好，對任何人的關注都感到快樂。這個階段的寶寶並不認生，對任何人都非常感興趣，會很積極地跟陌生人交流。

◇　分化的依戀階段（7 ～ 9 個月），這個時期的嬰兒開始對與某個特定的個體分離表現出抗拒行為。這個時候寶寶已經會爬行了，他會時常跟隨著媽媽，抱住媽媽的腿，把手伸向媽媽，在媽媽回來的時候，他會開心地拍手。他們開始對陌生人有些警覺了。

◇　多重依戀階段（9 ～ 18 個月），這個時期的嬰兒會對父母、祖父母、兄弟姐妹都開始產生依戀。

分離焦慮就在分化依戀形成的過程中（6 ～ 8 個月）開始出現，在 14 ～ 18 個月到達巔峰，然後其頻率和強度在嬰兒期和兒童期都會逐漸下降。

分離焦慮是兒童情感正常發展的一部分，即便是上學後的孩子，他們在低落或者焦慮時，或者在得知要與父母長時間分開的時候，都仍然會產生分離焦慮。這種焦慮，會讓孩子表現出我們平常所說的「黏人」的行為。

自我意識的形成

隨著兒童的成長，他們的自我意識逐漸成熟，會有很強烈的意願去表達自己、控制外部環境、決定自己的行為。有的時候，孩子會表現出黏人的行為，並不一定是害怕父母的離開，他們只是想表達自己的意願：非常想讓家長陪他。這種獨立意識導致的黏人的情況一般出現在孩子新發展出獨立的行為時，例如：孩子開始走路，孩子要離開家庭環境，進入社會環境——幼稚園，或者社會環境變更——升上國小。

需要安全的支持

當孩子逐漸長大，在他的自我意識越來越強時，他會越來越願意探索、越來越想走出自己的安全範圍、挑戰自己的能力。當他已經與父母建立了穩定的依戀關係後，他會把父母當作是自己的避風港，一旦他在外面探索的時候遇到了他能力之外的麻煩，讓他感覺到恐懼時，他會馬上尋求避風港——父母的懷抱。他在表明：我現在需要支持！需要你！而這些情況並非是父母概念裡的可怕狀況，甚至有些事情在我們看來不值得一提，比如：剛買的一個玩具、一個陌生人的出現、一個新的遊戲、一次旅行，甚至是一種新的食物，這對孩子來說都是一次挑戰，都是一個個未知引起了他的黏人行為。

有的時候這些挑戰小到我們甚至很難辨認出，比如：孩子在出門的時候綁不好鞋帶，當我們覺得他「拖拖拉拉」時，他可能正在為穿上鞋之後，要去幼稚園，要跟媽媽分開而焦慮，他正在用「拖拖拉拉」的這段時間黏住媽媽。

高需求寶寶

有一種寶寶叫「高需求寶寶」。常關注親子教育的家長不難發現，有一個很流行的一個概念叫「高需求寶寶」。早到嬰兒期的作息不規律、愛哭，到大一點的不愛吃飯、脾氣大等等。這些孩子的行為被媽媽們通通貼上了「高需求寶寶」的標籤。

1956 年，有心理學家根據對 141 個孩子的追蹤（從出生到讀國小），得出了大多數嬰兒可以歸入三種氣質類型的結論，即困難型（difficult baby）、容易型（easy baby）和慢熱型（slow to warm up baby）。其中困難型寶寶的特點：身體機能不規則、反應激烈，面對新的刺激時傾向於退縮，對環境適應速度較慢、情緒通常比較低落。對於這樣的孩子的成長，他們的父母需要高度的一致性和寬容性。這樣的孩子占人群中的 10%。

困難型寶寶就是我們現在所說的高需求寶寶的概念。我並不贊成給孩子貼標籤的行為，我們不能把所有黏人的寶寶都歸類為高需求寶寶，但是的確有一部分孩子，他們相對於大多數孩子適應新事物、新環境相對較慢一些。我們如果剛好遇到這樣氣質類型的寶寶，那麼很有可能要多花些精力在這樣的孩子身上，因為他們更需要父母的鼓勵和持之以恆的關注，而且幸運的是，這並不是不能改變的，這個我們會在後面講解。

身陷頑固的焦慮情緒

如果孩子已經讀了國小（8 歲以後），當他感到焦慮時，那些原本已經逐漸消失的黏人行為會重現。有的時候展現在不能夠跟父母分開；有的時候展現在自己入睡困難；有的時候出現極度的安全需求。什麼情況下，孩子會感到焦慮呢？比如：在學校遇到暴力、人際關係出問題、逃避課業等等。

【家長該怎麼做】

滿足他們的需求

解決孩子黏人的最好的辦法就是讓他們黏著。也許這樣的答案並不能讓家長們滿意，或許家長們已經被黏得焦頭爛額。但是如果重新審視一下陪伴孩子的過程，我們需要意識到孩子出現這種行為的時候，是他正常成長的一個需求，是他需要你跟他在一起，需要你的支持和鼓勵。孩子出現這樣的行為，並不是無理取鬧，也不是不該出現的錯誤行為，且不會持續地惡化下去（在家長付出及時的回應後），那麼我們的心情會不會好一些？會不會更堅定地擁抱孩子，更篤定地給予孩子他們所需要的安全？我想一定是的。

建立安全型依戀模式

讓孩子知道你一直是他的依靠，建立安全型依戀模式。不要否定他們，當他們需要的時候，及時給予他們擁抱；在他們想去探索的時候，默默地在後面支持他們，並隨時準備張開雙臂；在離開的時候跟他們說再見，並告訴他們回來的時間；不吝惜的讚揚、及時的鼓勵，在他們面對一個新的挑戰、去一個新的環境、開始一個新的活動的時候。

可以被轉變的高需求寶寶

如果你面對的是一個高需求寶寶，並不代表他會總是如此，並不意味著他將一直這樣到成年。在他們煩躁不安的時候，我們要始終對他們保持平和的心態，溫柔地接納孩子；在他們任性固執的時候，我們要理解他們；幫助他們去開始一個嘗試，讓他們逐漸地勇於嘗試；幫他們學會管理自己的時間，並給予適當的約束；幫助他們尋找社交的機會，鼓勵他們建立夥伴關係；很多事實表明，這些孩子會改變，在童年晚期或者青春期的時候，將不再屬於困難型寶寶，不會出現類似的行為。

尋求專業的幫助

如果孩子身陷焦慮之中，那麼他正處於痛苦和逃避中。這個時候，除了關愛孩子，還要尋求醫生的幫助，因為這個時候孩子需要專業的幫助。在孩子遇到棘手的問題時，很有可能會深陷恐懼和焦慮，並不斷地質疑自己的能力和勇氣，他們會退回到自己感覺安全的地方，比如家裡、父母身邊。如果這個時候，家長錯誤地讓孩子逃避下去，比如：因為他表現得黏人而不讓他出去參加活動，讓他整天藏在家裡，這會讓孩子出現社交能力倒退，並將持續處於焦慮中，甚至出現憂鬱的危險。所以尋求專業的幫助會更好、更快地幫助孩子從焦慮中走出來。

第2節　發脾氣：一種表達需求的方式

「我家寶寶生氣的時候喜歡亂丟東西。」

「我們家孩子越有陌生人在場越愛亂，動不動一屁股坐地上不起來，就差滿地打滾了。」

「小蕾今天把飯打翻在地上了，我當場就打了她，現在好後悔。」

生氣是一種情緒的表達，我們每個人都經歷過。回憶下自己上一次暴跳如雷的原因和情景，當時是一種什麼感受？

【孩子發脾氣行為的心理解讀】

沒有人喜歡生氣，孩子也是一樣。孩子們時常發脾氣，甚至崩潰，有的時候是因為他們遇到了困難，有的時候是他們被要求做不想做的事情，有的時候是他們受到了抨擊和指責，有的時候是他們的需求沒有被滿足……

憤怒是情緒的一種

憤怒是情緒表達的一種形式。有半數的媽媽認為憤怒和快樂、好奇、驚訝、恐懼一樣，在 1 個月大的嬰兒的臉上就會表現出來。研究結果表示，在嬰兒生命的頭 2 年，各式各樣的情緒會陸續地出現，憤怒也會隨之出現。

在耶魯大學的一個研究裡，有心理學家指出，對於不滿 4 歲的孩子，每週發 9 次脾氣，每次持續 5 ～ 10 分鐘，其行為表現為哭、踢、踩、敲、推擠等，這並不是罕見的。7 個月左右的時候，孩子就會用漲紅的小臉和吼叫聲來表達自己的憤怒。2 歲是孩子憤怒情緒出現的一個小高峰，4 歲以後隨著孩子社會化會有所好轉，青春期的時候又會出現一個新的高峰。

可怕的 2 歲

一直以來，有一種說法叫「可怕的 2 歲」，用來指代 2 歲左右的孩子因為情緒和行為的快速變化，讓家長感覺很難與孩子相處的一個時間段。為什麼會這樣呢？

2 歲的孩子情感是原生態的。對他們來說，開心就是大叫、大笑，傷心、孤獨就是大哭，生氣發怒就是喊叫。表達喜歡的時候，他們會手舞足蹈，張開雙臂用力地擁抱著你；表達傷心、孤獨的時候，他們的臉因疼痛而扭曲，眼淚簌簌地落下，拚命地尋找你的陪伴;當他們生氣或者惱怒的時候，會像一頭野獸一樣瘋狂，喊叫著，甚至踢、咬。他們就是這樣，直接地表達他們的情感，沒有束縛地、沒有羞恥心地、沒有控制地直接傳遞出來這些帶有能量的情緒。他們處於前道德期，並沒有被道德約束自己的情感。

這個時期的孩子需要家長的幫助，讓他意識到自己的情緒，認識它們，並學會管理自己的情緒。每一次發怒都是一次成長，對孩子來說，沒有什麼比面對自己的怒火更好的學習管理情緒的方式了。

孩子會發出清晰的情緒訊號來傳達他的情緒，但是他並不知道那是什麼，這個時候，我們就要接受他的情緒，並為他翻譯和定義他的情緒，幫助他認識它們。我們不要否定他的感受，例如：你不該生氣，這沒什麼好生氣的。這會錯過讓孩子看見自己情緒的機會。

成人的壓制讓孩子變得愛發脾氣

「我是怕他自己弄水果受傷。」

「他不穿褲子會凍感冒的。」

「他怎麼還不睡覺，再不睡覺我精心替他調整的生理時鐘又亂掉了！」

孩子隨著身體的長大，活動能力越來越強，他們的眼睛看東西更清楚了，能夠看到更遠的地方；他們的四肢更有力量了，雙腿可以站立，雙手可以支撐起身體；他們的手更靈活了，可以開始嘗試細小的動作了。而當他們越來越多的自主性行為出現的時候，他觸碰到家長們的神經的次數就越來越多。家長們迫不及待地想代替孩子綁鞋帶、切水果、穿衣服，讓他們早點睡覺。無論孩子們表現出多麼強的意願想自己去完成，無論孩子們是有多專注地在摳著他們認為有趣的小洞，無論孩子們是多麼有熱情地在嘗試端盤子，家長們卻更想讓孩子快點把這一切結束，按著家長們的節奏快速地完成，以便進行下一項。

這些都是壓制，這些壓制無疑會給孩子帶來怒火，而家長卻不自知。孩子被冠上「任性、好動、調皮、不可理喻」的標籤，殊不知是家長一手造成的。

每一次發脾氣都是內心衝突的表現

瑪麗亞·蒙特梭利：「孩子每一個不同尋常的反應都為我們提供了一個需要解決的問題，每一次孩子發脾氣都是某些深層心理衝突的外在表現。」

我們太多的情況是在幫助孩子找藉口而不是幫孩子去解決引發他行為本身的心理衝突。當孩子憤怒更新的時候，我們可能會透過屈服甚至是試圖取悅孩子來讓他平靜下來，這都是一種找藉口式的逃避行為。

孩子在購物中心裡大吵大鬧要買玩具的情景是最常見不過的。「家裡什麼都有，孩子每次逛街還是想買玩具。」「小孩子就是喜新厭舊。」「太沒規矩了，家長沒教育好。」當孩子提出「要求」的時候，家長總是在用成人的思維方式思考孩子的行為舉止。「喜新厭舊、家裡都有、規矩」這都是成人世界的詞語，對孩子來說，他只是「當下、此刻需要它」，他需要家長來滿足他內心的需求，但是他並不會表達，他只會用「要」和「鬧」的這個行為來表達：自己在成人的環境裡待了太久了，他太悶了，他想讓父母把注意力從賣場琳瑯滿目的商品上，轉移到他的身上。可是當孩子出現這種與成人想法相反的行為的時候，成人的第一反應是糾正、拒絕他的行為。

青春期的再失控

研究發現，比起青少年父母報告的情況，青少年有更多的極端情緒和轉瞬即逝的情緒。情緒化是青春期的正常情況，這與激變的激素水準變化可能有著密切的關係。

青春期的外部環境也不斷地激發孩子們的情緒，升學的壓力、戀愛關係與性，都可以輕易撥動青少年情緒的心弦。雖然他們逐漸成熟的自制力和認知能力可以幫助他們調控壓力和緩解情緒波動，但是也有很多孩子不太擅長控制自己的情緒，造成了憤怒，甚至是憂鬱。

一些特殊情況的憤怒

的確存在一些更容易憤怒的孩子。為什麼有些孩子更容易生氣？心理學家羅斯 ·W· 格林指出：「孩子情緒爆發是因為他們沒有疏導情緒的技能，就像一個孩子在閱讀上遇到困難一樣。」因為孩子的差異性，有些孩子缺少靈活適應性、忍受挫折感或者解決問題的能力。

氣質類型不同

就如上一節我們提出的「困難型兒童」、「容易型兒童」和「慢熱型兒童」一樣，相比較於容易型兒童，困難型兒童就會更容易發怒。他們在人群中占比約為 10%，他們的適應性相對而言較差，他們對變化無常的世界會有過度的反應，所以要比大多數孩子更容易被激怒和出現攻擊行為。

嚴重的情緒失調

還有一些孩子，比如被診斷為「過動症」的兒童、「自閉症」兒童，他們因為一些不明原因的疾病導致他們無法控制自己的情緒，無法表達自己的情緒，無法排解自己的情緒，經常出現攻擊性、破壞性的行為、歇斯底里的喊叫，對他人和自己造成了傷害，在學校裡造成了嚴重的麻煩……這些孩子的情況很特殊，需要專業醫生進行診斷和治療、指導。

【家長該怎麼做】

憤怒情緒與快樂情緒一樣，都是源自內心深處的一種表達，是內心能量的流動。所以我們要疏而不是堵。幫助孩子意識到情緒的發生，讓他們學會處理情緒的方法，這樣下去孩子就會安靜下來，重新快樂起來。

對於幼齡兒童

幼齡是最好的學習情緒管理的時機，這裡可以給父母一些建議：

排除身體不適

遇到孩子發脾氣的時候，先檢查孩子有沒有身體不舒適的情況，特別是嬰幼兒期間，他們的語言有限，很難描述自己的身體哪裡不舒服，這個時候，會以另一種形式——鬧情緒表現出來，所以父母先要排除孩子身體不適。

認同感幫助孩子平靜下來

對成人來說，一句「我懂」有時候勝過千言萬語，孩子也是一樣。他也希望獲得父母的認同、父母的理解。有時候一句「我能體會到你現在有多生氣」或者哪怕一個「嗯」都會讓孩子平靜下來。

身體語言先行

在人發怒的時候，語言要麼是傷人的利器，要麼顯得蒼白無力。一個擁抱或者親密地坐在孩子旁邊，以及抱起孩子，都可以讓孩子在心理上放下防備。

給彼此一點時間

如果孩子生氣，家長跟著一起生氣，不就變成跟孩子計較了嗎？聰明的家長應該少安勿躁，保持冷靜，切勿急於下結論，聽聽孩子的想法，嘗試探討有沒有更好的辦法，或者就把事情放在那，讓劍拔弩張的氣氛淡下來，再嘗試解決。

幫助孩子認識情緒

雖然對於幼齡孩子，他的理解能力有限，很難理解他的情緒，但我們更不能忽略情緒的存在，要幫助他們把情緒辨識出來。一起看電影、讀繪本都是很好的途徑。

對於青少年

青少年本身就是矛盾的結合體，他們處於蛻變中，不斷地與過去的自己割裂並迫切地想形成新的自己，但是新的自己是誰、什麼樣，他們還並不清楚。他們就在這種未知中，不斷地摸索前行。

他們是充滿壓力的，所以壓力一觸即發。憤怒之後，他們又會感覺內疚。他們不斷地經歷這個情緒週期，在循環往復中提升自己的情緒管理能力。這裡也有給青春期家長的建議：

◇　尊重青春期的孩子，給足面子。
◇　話要反著聽、正著說：孩子說的氣話，要反過來理解；跟孩子溝通，要放棄指責，將反問句、疑問句都變成正向的陳述句，避免出現責備語氣。
◇　給孩子發洩的時間，少說，多傾聽孩子的內心世界。

第 3 節　怕打針：孩子不是膽小鬼

很多小朋友都會有害怕醫生、拒絕去醫院、看病的時候，會對陌生的醫生，或者是醫生作出的一些他們不喜歡的檢查動作有直接的恐懼、哭鬧反應，特別是打針的時候，他們會哭哭啼啼，緊緊抱住父母。甚至只有幾個月大的嬰兒，也會對打針留有記憶。有些嬰兒在第一次打針後，再去同一間診所，一進門他就會開始哭鬧。孩子的這些牴觸行為，讓這些「病在兒身，痛在娘心」的家長們更加焦慮和煩躁不安。

◇　標籤型家長。陪伴在孩子身邊，半開玩笑半認真地說：「長這麼大隻，膽子這麼小呢！打個針都害怕！」——家長無形中的玩笑，給孩子貼上了「膽小」的標籤，讓孩子覺得自己做錯了事情，不夠優秀。

◇　理智型家長。陪伴在孩子身邊，不停安慰孩子：「不要怕，寶寶不要怕，勇敢點。」——家長無意之中，站在了孩子的「對立面」，身體雖然陪伴在孩子身邊，心卻成了一個旁觀者。

◇　學習型家長。打針之前，指著前面的小朋友說：「寶寶你看，他多勇敢，打針都沒有哭，你也要像他那樣勇敢哦。」——家長無形之中增加了孩子的心理壓力。

◇ 哄騙型家長。打針之前，家長對孩子說：「打完針媽媽就買好吃的給你，打針一點都不痛，一下子就結束了！」——孩子最終的體驗與家長說的完全不同，降低了親密關係。

孩子們的這些牴觸行為，並不代表孩子性格怯懦，家長們此時也切記，不要給孩子貼上「膽小」的標籤，更不要採用嚇唬、恐嚇、欺騙孩子的行為。如果父母和相關醫務人員做好準備工作，孩子的這些行為是完全可以減輕和避免的。如果家長沒能幫助孩子妥善處理他的「焦慮」、「恐懼」情緒，這種「害怕」的感覺就會在孩子們幼小的內心中生根發芽。

【孩子害怕打針行為的心理解讀】

對於陌生人的焦慮反應

孩子在醫院出現的哭鬧行為，很大一部分原因是對陌生人的焦慮反應。陌生人焦慮（stranger anxiety）是一個常見的心理現象，是指嬰幼兒在陌生人接近時表現出的恐懼和戒備反應，是一種消極情緒，與對待熟悉的照料者的微笑、喃喃細語等積極回饋形成鮮明對比，是伴隨依戀關係出現的，即當嬰幼兒與照料者建立起親密關係的同時，焦慮這種消極的情緒也隨之產生。

根據習性學家鮑比的理論：恐懼和迴避是人類演化過程中的一個生物程序化的自然反應，一旦嬰兒有能力區分熟悉與不熟悉，那麼嬰兒就會本能地對陌生面孔陌生環境產生恐懼。所以孩子到了陌生的環境（醫院），見到陌生的人（醫生），甚至是陌生的裝束（白袍、口罩、聽診器），產生焦慮、恐懼、逃避情緒是非常正常的、本能的生理反應。

從認知發展理論角度看，認知心理學認為孩子對於陌生人的焦慮是嬰兒知覺和認知發展的產物。傑羅姆 · 凱根認為嬰兒從 6 個月起就會對照顧他的人形成穩定的記憶，對於陌生的臉和陪同者的缺失會產生不安和焦慮，甚至出現抗拒行為。因此，有些醫院的診療環節拒絕家長陪同，或者有時候家長忙，無法陪同孩子去醫院，都會給孩子造成巨大的心理焦慮，讓孩子感到害怕、不安。

不好的打針體驗形成了經典的條件反射

著名的行為心理學提出「經典條件反射」實驗也可以用來解釋有些孩子一進到醫院就開始哭，或者一看到針頭，甚至看到類似的穿著白色制服、戴口罩的護理師就會有害怕、哭鬧的行為。

「經典條件反射」實驗是指一個刺激和另一個帶有獎賞或

懲罰的無條件刺激多次聯結，可使個體學會在單獨呈現該刺激時，也能引發類似無條件反應的條件反應。打針就可以看作是一個刺激行為，疼痛、哭、恐懼就是「打針」這個行為引發的無條件反應。由於孩子多次將「打針」這個行為與他的疼痛和不好的打針經歷形成了多次聯結，形成了經典的條件反射，導致孩子再次接觸到刺激（打針）就直接引發了無條件反應（疼痛、哭、恐懼）。

陪同父母的情緒對孩子產生影響

加拿大約克大學做過一個關於兒童害怕打針的原因的調查研究。他們對 3 ～ 12 歲的兒童在醫院就診時的行為和反應進行了觀察。他們發現，孩子在打針前後會特別注意父母的行為。因此，如果父母帶有焦慮，兒童會敏感地感知到父母的情緒，會引發孩子的焦慮。

【家長該怎麼做】

克服焦慮

家長首先要停止焦慮，要在內心裡平靜地看待孩子生病的現狀，不要製造焦慮的氛圍給孩子，要調整自己的情緒，這樣才可以更好地安撫孩子，營造一個較為輕鬆的看病氛圍。

提前預知

很多家長覺得孩子很小，跟他說為什麼要打針他也聽不懂，但是實際上，如果在打針前，與孩子進行良好的溝通，告知孩子為什麼要打針，打針有什麼好處，真誠地告知孩子打針會有一些疼痛，可以有效地降低孩子對未知事情的恐懼和焦慮。

家長可以採用孩子能理解的語言，解釋給孩子聽。例如：打針就是把小超人輸入你的體內，他就可以在你身體裡幫助你打敗病毒，讓孩子能夠理解。

身體陪同

陪伴永遠是撫慰孩子的一劑良藥。心理學家指出：6～12 歲的孩子，只要在母親的懷裡，對於陌生人的接近就不會十分恐懼警戒；但是，就算母親離他們只有幾十公分，陌生人的接近都會讓他們哭鬧起來。熟悉的人陪伴在身邊，即便沒有語言上的交流，也會在行為上給予孩子積極的能量。所以，家長們在孩子生病的時候，特別是去醫院的時候，再忙也要盡量抽出時間陪伴。而作為醫務工作者，面對低齡兒童、青少年，在不影響治療的前提下，應盡量讓孩子的親屬陪伴，這樣小患者們才會更加積極地配合治療。

心靈陪伴

一句「不要怕，勇敢點」，直接流露出家長內心的活動——在以旁觀者視角評判孩子的行為，站在了孩子的對立面上。這樣的心理活動，轉化成語言表達，既不能與孩子在情緒上達成共識，引起孩子的共鳴，又會讓孩子覺得自己不夠勇敢，增加孩子的心靈挫敗感，讓本來就承受身體不適的孩子，在內心層面更加孤立無助。

家長只有透過換位思考，真正設身處地地把自己放到孩子的位置上，多去嘗試並回憶自己小時候在同樣情況下的內心感受，才能夠在心理上有所轉變，從而在語言的表達上能夠真正地轉化成有力量、有溫度的話語，向孩子傳遞正向的能量，給予孩子勇氣。

當然，簡單的辦法：家長可以在語言表達上轉變，嘗試將「不要怕」變成「媽媽知道你很害怕」，將「勇敢點」變成「媽媽知道打針真的會很痛」，讓孩子感覺到家長能夠體會到自己正在承受的痛苦，感覺家長的感受與自己同步，這樣，孩子會放下心理上的包袱，與家長心貼在一起，有助於親密關係的拉近。但是任何話術上的轉變都是「標」，家長們只有真正從心理上轉變，心靈上與孩子站在一起，才是解決問題的「本」。

打造熟悉的環境

在熟悉的環境下，對陌生人發生焦慮的機率遠小於陌生的環境。例如：10 個月的嬰兒在家裡很少對陌生人感到焦慮。因此這裡給醫療工作者，特別是長期面對孩子的醫療工作者一個建議，可以適當地增加診療室的童趣，增加一些孩子熟悉的卡通人物圖畫，適當改變診療室牆壁顏色，在等候室布置一些孩子喜歡的玩具，脫掉讓孩子看上去就會產生距離感的白袍。這些都有助於減少孩子對環境的陌生感，降低孩子的焦慮。

及時正向的鼓勵

當孩子最終完成打針這一項艱鉅的挑戰之後，無論孩子在過程中表現如何，即便是在過程中孩子會有牴觸、害怕、哭泣、恐懼，家長都應該在事情結束時，「及時地」給予「正向的」鼓勵，因為，最終孩子還是完成了這個挑戰，戰勝了自己的恐懼。

第 4 節　拖延：內心逃避的一種表現

「小宇，你能不能快點，你的校車馬上要到了！」

「你怎麼還在吃飯！這都幾點了？」

「還不睡覺！媽媽說了幾次了！快點睡覺！」

「快點！」

我想如果要是可以把媽媽跟孩子說的詞計數，「快點」這個詞一定是出現頻率最高的 5 個詞之一。

「每個人都會有拖延的行為 (procrastination)，但並非所有的人都是拖延症。」有心理學家提出。「對於 20%的人來說，拖延是一個長期的問題，這些人的生活方式適應不良，是長期或者習慣性拖延的人。他們不按時繳帳單、冰箱是空的、失去工作，因為他們沒有按時完成工作。」

對孩子來說，拖延的行為往往會帶來負面的影響，比如無法按要求交作業，導致最終成績不合格；沒有按時起床，導致無法參加課外活動；長期的拖延行為，讓父母的監督行為增多；遲到、賴床、各種行動緩慢、寫不完作業……孩子的這些行為是拖延行為嗎？孩子為什麼這麼喜歡拖延？

【孩子拖延行為的心理解讀】

「慢」並不代表拖延

小蕊在嘗試著綁鞋帶，雖然她很認真、很努力地在綁，但是鞋帶還是像一條調皮的蚯蚓，在鞋面上拱來拱去，就是合不到一起。小蕊被這個神奇的東西吸引著，她一次次地嘗試，一次次地失敗，卻樂此不疲，直到媽媽打斷了她。「天吶妳怎麼還在玩！」媽媽一把綁上了她的鞋帶。

孩子們，特別是1～2歲期間的兒童，他們在父母面前，總是顯得笨手笨腳的，總是在挑戰成人認為超越他能力的事情。比如：繫鞋帶、綁頭髮、穿衣服、洗碗、打掃環境。孩子總是充滿了願望想模仿成人的舉動，他非常認真，但是非常緩慢，而且經常失敗。當他興致勃勃地嘗試時，卻經常被成人打斷這個模仿學習的過程。家長做事充滿了成人的原則 —— 一切要用最快的行動，花費最少的時間完成。這讓家長總是在打斷孩子的學習過程，一邊覺得孩子在拖延、慢、做事毫無效率，一邊又覺得孩子什麼都做不對、什麼都不會做。於是給孩子貼上「拖拖拉拉」、「拖延症」、「懶」的標籤。殊不知正是自己一次次地打斷剝奪了孩子寶貴的學習過程，打斷了孩子們原有的、自然的、緩慢的、從容的、逐漸走向獨立的過程。

用拖延行為

研究人員發現，拖延症並不存在於基因上。也就是說，這是一種習得性行為，家庭環境和學校教育對拖延行為會有重要的影響。

心理動力學家認為，早期童年的經歷對個體的個性形成與發展有很大的影響，拖延尤其與早期經歷（特別是挫折經歷）有關，所以父母的教養方式對孩子的拖延行為有直接的影響。有心理學家對拖延症有近 20 年的研究，他認為，長期有拖延行為的孩子，一般都有一對冷酷且嚴厲的父母。父母對孩子提出的要求，超過孩子的能力，孩子沒有辦法達到，只能採用拖延這種行為來表達內心的抵抗。

拖延行為來自父母的強化

行為分析家認為，任何持續發生的行為都是由強化所致。拖延行為也是如此，我們對拖延這個行為的過分關注，反而是對拖延行為的另一種強化。比如：我們總是在催促孩子，事實上是在反覆地強化孩子：你太拖沓了。孩子就會吸收這樣的強化，不斷地加強行為。更有意思的是，根據行為心理學家的研究，認為孩子總是透過鼓勵和強化那些不同於不受歡迎行為的行為，許多不受歡迎的行為能被完全抑制。比如：對於孩子反覆寫不完作業的拖延行為，家長是採用寫不完不准睡覺的懲罰模式，還是採用當孩子某一次早於平常時間完成了作業時去表揚他的鼓勵模式？很顯然，行為學家認為，鼓勵孩子早於計畫時間完成作業，相對於一味地懲罰孩子沒完成作業的不良表現來說，鼓勵更是一種長期有效的策略。

孩子缺少完成的能力

如果想按時完成一個任務，需要有清晰的時間觀念，明確的工作內容，自律的工作態度，足夠吸引人的目標讓我們在懈怠的時間點有動力繼續下去。以上這些關鍵點需要具備的能力，如時間管理能力、完成某項任務關鍵需要的技能、自律能力、自信、堅持的精神，都是需要孩子在日常生活中不斷地尋找榜樣目標、不斷地練習、不斷地被鼓勵才能習得的。所以，不要給孩子貼上「懶」的標籤，很有可能你的孩子是在為不知道如何完成這個工作而苦惱著。

害怕失敗而失敗

當極端行為到了極點，就變成了另一個行為。研究人員還發現，有很多孩子是因為過於擔心自己的表現沒有辦法滿足自己或他人的期待，而無法開始完成其任務。他們因為擔心不完美而焦慮，對任何不完美都沒有辦法接受，最終這種完美主義用另一種行為表現 —— 停滯不前。

對於孩子行為的解讀，我們總是要放下成人的架子，換個角度去看待、思考孩子的問題。最好的辦法，就是傾聽。

【家長該怎麼做】

先聽聽孩子怎麼說

當孩子總是出現某個行為的拖延時，我們不妨開誠布公地跟他聊聊。也許是我們的孩子對那件事情根本毫無興趣可言，比如練鋼琴，他就不斷地用慢慢吃飯來抵抗練鋼琴這件事（因為吃完晚飯就要去練琴）。這些隱藏起來的行為之間的關係，只有我們充分了解孩子之後，才能夠判斷清楚，找到引發拖延行為的關鍵點。

開誠布公的談話，並不是家長制，如果我們把自己放在高高在上的位置，那麼永遠看不到孩子藏在最下面的脆弱的環節。如果讓孩子感覺到我們的支持和理解，他們會樂於分享他們的恐懼和擔心。如果能為他們提供幫助，比如介紹下自己的經驗——怎麼樣可以又快又好地收拾完房間，他們會更願意敞開心扉。

要把對孩子的期望明確化

當我們默默地為孩子準備一切時，孩子可能已經預設父母期待他能有個好的學習成績。孩子往往高估父母的期望。

他們認為只有好的成績，才能讓父母滿意，而並不清楚父母可能更關注他們付出努力的過程。

不妨問問孩子對自己的期望是什麼，或者他對某件事的目標是什麼。再問問他認為家長對他的期望又是什麼？如果完不成自己設定的目標，可能會發生什麼？這些問題都有助於加深父母對孩子的了解，有助於制定更適合孩子的對策。

明確地告訴孩子家長的期望，比如：把希望你變得更優秀這樣的期待，轉換成期待你可以每天按時完成作業，用業餘時間做自己喜歡做的事，按時打掃房間……這讓孩子可以清晰地知道，他需要做什麼、怎麼做，也有助於孩子理解父母對優秀的理解——不是考全班第一名。

幫助孩子們拆解
他們自己建構的不合理的因果關係

如果我這次期末考成績不足 80 分，我就沒有辦法拿到優秀的學期成績，這將意味著我沒有辦法參加夏令營，意味著我會失去我的朋友，我徹底變成了沒有朋友的不良少年，讓父母喪失掉對我的信心……

顯然孩子替自己建構了一個完全不合理也是不可能發生的因果關係，這也被稱為災難性思維。這種思維模式會讓孩子越想越害怕，越想越停滯不前，除了助長焦慮和拖延，還會讓孩子因為長期處於這種強壓力下，出現不定時的爆發性行為。

家長需要指導孩子解決問題的技巧，幫助提升自信。把大的目標拆解成幾個階段，再在幾個階段分別設定小目標，這讓任務更易於管理，更容易實現目標。孩子需要這樣的指導，因為他們缺乏這些經驗，僅憑一腔熱情，在遇到問題的時候，就會不知所措。每一次完成階段性的小目標，都是對孩子的一次鼓勵，也會不斷增強他的自信，提高他們的抗壓能力。

第 5 節　自私：這是孩子的天性嗎

「老大又打了老二，這次是因為老二動了他收藏的小恐龍模型。」

「我家孩子從來不把東西讓給別人玩，怎麼說都不聽。我都不好意思帶他出門！」

「孩子功課越好越自私，只想著自己！」

有些孩子總是想按照自己的方式做事情，不喜歡分享，特別是獨生子女，只考慮自己，心裡從來沒有別人。「自私得連孩子都不想生了。」面對我們國家越來越低的出生率和越來越多的單身和頂客一族，自私成了獨生子女的特徵之一。

美國在 19 世紀發表的一項研究指出，沒有兄弟姐妹的孩子有過度驕縱的現象。20 世紀初，一些人還提出由於父母所有的擔憂和恐懼都集中在一個孩子身上，這個獨生子女精神會格外敏感，甚至會得神經衰弱。然而這一些結論在 21 世紀的時候，都被打破了。2018 年，德國兩位研究者對 10,000 名德國兒童進行追蹤研究，最終得出獨生子女跟有兄弟姐妹的孩子相比，他們會與父母有更親密的連繫，只是會感嘆自己沒有兄弟姐妹，導致童年缺失信賴的玩伴，此外並無不同。但是來自中國的一項研究 —— 他們對 126 名無兄弟姐妹的學生和 177 名有兄弟姐妹的學生進行研究，獨生子女在寬容方面的得分較低，寬容性較差的人格在人際交往中會有更多的爭吵、對人不信任和以自我為中心。

在生理結構上，有研究顯示：獨生子女的大腦結構與有同胞兄弟（姐妹）的略有不同，獨生子女在創造力和想像力相關的部位有較多的灰質，研究人員認為，這是因為獨生子女要獨立面對更多的問題，需要他們有創造性地自行解決問題。另一個結構是在額前內側皮層的灰質少於有同胞兄弟（姐妹）的，這說明獨生子女在耐受性上略差於有同胞兄弟（姐妹）的人。

很難說獨生子女的家庭模式對其在利社會行為上有多大影響，畢竟孩子會有發展其他社交和認知能力的機會。即便是獨生子女，也不可能脫離社交環境而孤立存在，他們的社交從幼稚園就開始了，甚至更早。筆者認為，比起獨生子女的家庭結構對一個人利社會行為的影響，家庭環境、父母教育方式似乎比家庭中的孩子數量更為重要。

【孩子自私行為的心理解讀】

人類天生自私？

中國有句俗語：人不為己，天誅地滅。意思是人本來就是自私的，是透過後天的道德教育之後，為了在這個社會生存，才逐漸地學會分享與利他，是這樣的嗎？首先我們了解下什麼是利他行為。

利他行為

利他行為是一種利社會行為，是透過分享、合作和幫助等利社會行為表達對他人利益的無私關注，是自私的反面。

一個有趣的測試：

一天，一個叫瑪麗的女孩要去參加朋友的生日宴會。在去朋友家的路上，她看到一個女孩摔倒並摔傷了腿。女孩請求瑪麗協助攙扶她回家，讓她的父母帶她去醫院。但是如果瑪麗這樣做，朋友的生日宴會就會遲到，並且會錯過冰淇淋、蛋糕和很多好看的節目。瑪麗應該怎麼辦呢？

對於這個問題，學齡前兒童的反應都是自私的，他們往往回答瑪麗應該去參加生日宴會，這樣才不會錯過好吃的東西。但隨著孩子的年齡增長，他們越會對他人的需要和願望作出反應。

雖然存在這樣的測試，但是，我們再回到嬰兒時期，並不是所有的兒童在嬰幼兒時期都是自私的，在道德成規前期（無律期），在兒童沒有接受道德或者規範訓練前，就會有類似親社會的行為出現。比如：12 ～ 18 個月的嬰兒，偶爾會給同伴玩玩具，會有意願幫助父母做家事。還有的孩子在 20 個月後，會出現同情、安慰同伴的行為。個體早期的利社會行為的差異，相當程度取決於父母對孩子的態度。研究發現，同情心較差的嬰兒的母親通常用斥責或者體罰等強制策略對待孩子的傷害行為，而出現同情心的孩子，其父母則經常對孩子的傷害行為進行情感解釋。

影響利他行為的另一個重要因素 —— 共情能力。共情能力又被稱為同理心，是由人本主義學者羅傑斯提出的，是一個人體驗他人情緒的能力，是整個人類都具有的一種反應。嬰兒能感知父母和同伴的情緒，但是這只是本能反應，且並不一定總是有幫助的，他們並不一定能把這種感受轉化成行為，幫助到有需要的人。他們需要在後續的成長過程中，慢慢地透過不斷地學習和模仿將這種能力強化。

【家長該怎麼做】

孩子越長大越自私

這顯然是個假議題。兒童成長的過程也是他共情能力逐漸發展的過程。之所以讓父母覺得孩子大了，反而自私了，其實是孩子有了自我意識。

順從其自我意識的發展

2～3 歲的自我意識

孩子在這個階段，自我意識開始萌芽，他們只有「我」、「我的」的概念，他認為所有的東西都是「我」的，我餓了，媽媽會給我奶喝；我困了，媽媽會哄我睡覺；一切都是圍著「我」轉的。所以這個時期的孩子，他們要比嬰兒期的孩子對「我的」這個概念更敏感，並不理解分享的意思和物品真正的所有權的概念，於是就會出現媽媽覺得「還不如小時候」的現象。孩子在嬰兒期出現的分享行為，讓父母理解成為孩子懂事、不自私，實際上孩子的分享行為更多的是為了滿足父母的期望。

處於這個時期的孩子，家長不能急於讓孩子去分享，特別是在孩子出現不想分享的情況下，家長更不能去強迫孩子分享，強迫會讓孩子覺得父母要「奪走」他們的東西，這會讓孩子有更強的占有欲。這個時期最好的辦法就是父母做好榜樣，同時，在孩子出現自主分享行為或者說利他行為的時候，父母要給予讚賞，這將對孩子的利他行為正強化，反覆強化後，孩子的共情能力就會提高，孩子的利他行為就會逐漸內化。

青春期的自我意識

青春期是形成新的「自我」的時期。青少年們已經有了自己的主見、自己對自己的新要求和新期待。根據研究，利社會行為是一種相對穩定的行為，如果孩子在 4 ～ 5 歲已經表現出較多的自主分享行為，那麼這種利他行為會持續整個兒童期和青春期乃至成年早期。但是父母們為什麼會覺得孩子大了，反而不懂事了，自私了？實際上，這是父母對孩子有了「自我意識」的一個牴觸情緒。父母口中的「孩子不懂事了」是因為孩子做事情的方式，不再人云亦云，他們有了自己的想法。他們更想按著自己的節奏、自己的意願去完成自己想做的事情。這在父母的眼裡，就是一種自私。

給青春期孩子父母的一點建議

當孩子生氣、焦慮時，沒有人關注他、給予他所需，他會覺得自己被忽視。久而久之，孩子也會變得更專注於自己，而忽視其他人的需求。

父母的自私行為對孩子的影響更大。

缺乏底線的教育也會讓孩子變得自私。

過度補償的「愛」會導致孩子自私。

不公平的待遇會讓同胞之間越走越遠，當一個孩子開始嫉妒另一個孩子的時候，他可能會變得自私了。

第 6 節　撒謊：誰的童年不說謊

「你吃糖了？」媽媽問。

「爸爸說我可以吃糖。」寶寶答，但實際上爸爸並沒有說。

「媽媽的新衣服漂不漂亮？」媽媽問。

「……漂亮。」孩子的表情很牽強。

「媽媽，妳為什麼在電話裡說妳在開會呀？」孩子問。

「……」媽媽不知道該怎麼回答。

我們每天都在說謊。即使你認為你是一個誠實的人，實際上，你仍然是一個說謊者。據統計，普通人每天說謊 1 ～ 2 次，平均為 1.6 次。我想真實的數量，遠遠超過這個調查出來的數據，比如：他們並沒有算上 FB 裡那些不得不按的讚，LINE 訊息裡不得不回的笑臉，為了贏得回饋在蝦皮上不得不給的五星好評。

【孩子撒謊行為的心理解讀】

那麼孩子呢？孩子一般從 2 ～ 4 歲開始有說謊的行為出現。他們的謊言可能很容易就被大人一眼看穿。

「我已經吃完飯了。」實際上她一直在屋裡玩。

「你尿床了！」「不！我沒有！」

前面的例子，孩子謊稱爸爸同意他吃糖⋯⋯這樣的例子不勝列舉。當孩子們開始說謊時，父母會感到震驚：孩子怎麼就說謊了呢？跟誰學的說謊？他說這種低級謊言的原因是什麼？

撒謊 —— 認知發展的里程碑

其實，孩子說謊是他認知發展中的里程碑。這意味著他們已經區分出了別人和自己，並且清楚地知道，別人和自己有不同的想法，他意識到別人對自己有不同的期待、感受和目標，他也開始了解到人的想法與事實並不等同。研究發現，當孩子知道事實與想法無關的時候，孩子較有可能說謊。就如孩子試圖讓家長相信他已經吃過飯了，但實際上他的目的只是想保留更多的時間來玩。

撒謊本身可能並不可取，但是了解別人的想法和感受是一項重要的社交技能，與同理心、合作、關懷密切相關。在

4 歲前，孩子並沒有這樣的能力，他們簡單地認為每個人的想法都和事實一樣，所以他們沒有必要撒謊，也沒有欺騙的概念。最典型的例子是，跟他們一起玩捉迷藏，他可能會直接告訴你他要藏到哪裡。

幼兒期的謊言

幼兒期的謊言，往往都是這樣漏洞百出的：嘴裡塞滿了蛋糕，他們卻不承認吃了，爸爸就在他面前，他卻跟媽媽說是爸爸同意他吃糖的。他們的目的性明確，但是欺騙的技能並不高超。這說明他們並不清楚什麼樣的話別人能夠相信，什麼樣的故事符合邏輯。比如：他們還會講一些不知所云的故事：機器人把蛋糕吃了；我的小熊病了，我在照顧他，不能下樓吃飯了……這一類的謊言就如我們前文提到的——假想夥伴——他們在幻想，這是他們具有豐富想像力的表現。幼兒對現實、白日夢、願望、幻想、恐懼之間的差異掌握非常不穩定。就好像家長對孩子說的最大的謊話：禮物是聖誕老人送來的，孩子們都照單全收，信以為真，並且「胡編亂造」自己想像中小世界的形形色色的故事。

在孩子 8 歲前，他們經常說謊。隨著年齡和閱歷的增長，他們越來越擅長理解別人的需求，理解什麼樣的話別人更容易相信，也越來越擅長說謊。孩子也逐漸從無律期進入他律期，他開始對撒謊等於不好的行為產生了概念。年齡小的孩子撒謊大多都是為了自己能夠獲得利益，然而年齡大的孩子撒謊的時候會有愧疚感。

說謊的原因

說謊的原因有很多，有的是為了得到些什麼，有的是為了逃避掉不良行為要面對的後果，或者是逃避他們不想面對的事情。還有一些理論認為，孩子說謊是因為好奇，他們好奇說謊之後會是什麼樣的後果，這種好奇促使他們去說謊。

當孩子缺少自信的時候，謊言也可以幫助到他們。特別是那些父母要求較高的孩子，父母對孩子的要求超過他們能夠達到的水準，會給孩子帶來極大的壓力。缺乏自信的孩子沒有辦法達到父母的要求，所以他們要用誇大的謊言內容，讓自己平安過關。

缺乏自信的孩子為了讓自己可以獲得更多的關注和讚賞，給人留下極好的印象，他們也不斷地用謊言來偽裝自己，讓自己感覺良好。他們更容易變成習慣性說謊，因為活在謊言裡的自己實在是很令自己滿意。這樣的行為在成人中也很常見，他們誇大自己的收入、誇大自己的住房，甚至誇大別人對自己的仰慕，他們的謊言有的時候十分拙劣，有的時候顯得毫無必要性，比如：他明明在家待了一天，卻在 IG

上把自己喬裝成社交明星，這都是極度缺乏自信的表現。這樣的成人，大多有一個自卑的童年，長期缺乏自信，導致他們習慣性撒謊。

還有一些孩子是因為衝動，沒有考慮過說謊之後的後果。他們的謊話有的時候連自己都不記得，他們一時興起說了句謊話，隨後就忘記自己說了什麼，他們的謊話往往也是漏洞百出，一般常見於患有過動症的孩子。

白色謊言

我們稱白色的謊言是善意的謊言，在心理學裡，稱這種白色的謊言為「親社會說謊」（prosocial lie-telling），在孩子 3 歲左右就會出現。就如前面的例子，孩子知道媽媽穿了新衣服，想得到讚美，所以他說了「漂亮」來回應媽媽。他們已經開始了解別人的期待和如何讓對方感到舒適，這不得不說是孩子認知技能和社交技能的再一次騰飛。其實白色的謊言也是謊言，是我們教孩子說的謊。我們一面期待孩子擁有誠實，一面又期待孩子有禮貌地回應別人的給予，不得不說這是一種矛盾。

網路上的謊言

這是網路時代的產物。有的時候我也在考慮網路上還有什麼是真的。照片、影片可以是假的，性別、年齡可以是假的，評論可以造假，人氣可以造假，自己說的話也可以是假的……在這種氛圍裡，孩子們會受到怎樣的影響呢？他們如何在一個充滿謊言的虛擬社會中，辨別是非、真假呢？

【家長該怎麼做】

父母的模範作用

父母對孩子產生模範的作用，這是毋庸置疑的，特別是說謊這個行為。雖然偶爾的說謊不會對孩子的道德發展有太大的影響，但是當我們在孩子的面前，接起電話，說自己正在開會的時候，孩子正在觀察著我們，並用他的腦袋理解我們的行為。雖然我們可以跟他解釋自己這樣說的原因，向他展示生活的不容易，但是他們的小腦袋能吸收到什麼，我們無從而知。

白色謊言也是謊言

白色謊言也是如此。雖然這在道德上讓人感覺更高尚，更有禮節性，但是請不要忘記它也是謊言的一種。可以從另一個角度讓孩子理解，比如：我們希望孩子給送禮者一個滿意的回應，但是他並不喜歡這份禮物的時候；比起讓他說謊答覆自己很喜歡這個禮物，或許我們可以引導他把關注的重點放在送禮者的心意上，而不是禮物的喜好上。讓他們明白，自己對送禮者一番心意的感謝，要比感謝禮物更有價值，這也是幫助孩子逐漸形成價值觀的過程。

讓孩子知道誠實的好處

如果我們期待孩子誠實，那要讓孩子知道誠實的好處。研究發現，講「狼來了」一類具有懲罰性的反說謊行為的故事，並不會減少孩子的說謊行為。而那些讚美誠實品德的、積極的寓言故事，確實對提高孩子的誠實水準有幫助。所以，如果我們希望孩子誠實，我們要讓孩子多了解誠實的好處，而不是把重點放在不誠實的代價上。

壓力促使孩子說謊

高懲罰的家庭、學校會讓孩子的說謊行為增加，因為他們帶給孩子的壓力更大，更促使了說謊行為的發生。有兄弟姐妹的孩子更容易說謊，因為他們有更多的學習對象，也面臨著更多的同胞競爭壓力。所以，家庭裡的誠實氛圍對於培養孩子的誠實是很重要的。

培養孩子的自信

比起一味地跟孩子強調謊言，我們可以多花些心思去培養孩子的自信和責任感。當孩子對自己有信心的時候，他們就勇於去承擔，勇於去自主做選擇，勇於對自己的行為負責任。

不要輕易給孩子扣上「不誠實」的帽子

如果孩子在 5 歲前說謊，我們還是不要用「說謊」這個詞去定義孩子的行為，更不要去強烈指責孩子的行為，給孩子扣上「不誠實」的帽子。我們要正向引導孩子說出他隱藏在內心的話，或者他不敢說出的真相，而得到孩子的信任。

第 7 節　偷吃：一種本能的欲望

朋友家裡有兩個 4 歲的男寶寶。她跟我說，她買給她兒子的帳篷裡，永遠藏著她不准孩子吃的食物，或者是他們愛吃的食物。我問她那妳怎麼處理呢？她很冷靜地說：「我只會定期幫他們清理。」

我相信每個父母都面臨這樣的情況，一方面是孩子的欲望，一方面是自己頭腦裡反覆出現的不可以。即便我們去阻止，還會出現讓我們更為擔心的行為：偷、藏、撒謊……這該怎麼辦？

【孩子偷吃行為的心理解讀】

「吃零食」是一種欲望

孩子偷吃的不僅是糖，洋芋片、泡泡糖、泡麵、可樂等各式各樣的垃圾食品，孩子也都愛吃，這些是孩子童年不可缺少的一部分。父母擔心孩子的健康，希望讓孩子有一個好的飲食習慣，所以在孩子吃零食方面跟孩子們鬥智鬥勇。

孩子被冰箱裡擺放的琳瑯滿目食物吸引的樣子是一種本

能地對食物的欲望，對新鮮事物渴望嘗試的欲望。

孩子為什麼採用「偷」的行為？「偷」顯示著家長的不允許。家長不允許是因為孩子的自制能力並沒有發育完善，他控制不了自己的衝動，又剛好有機會可以讓他拿到自己喜歡吃的東西，「偷」的行為就產生了。除了這種主動「偷」的行為，還有一種隱藏得很好的「偷」的行為 —— 會找其他人下手，比如孩子的奶奶。

從其他管道「下手」的行為，其實也是一種變相的「偷」。採用迂迴戰術的孩子，一般是家長們眼中「乖巧、懂事」的孩子。他們是其他家長嘴裡的「別人家」的孩子，他們不會與家長產生正面衝突，會竭盡所能地滿足家長的期待，滿足家長提出的合理、不合理的要求。另一方面，發生這樣行為的家庭，通常會有至少一個對自己要求非常嚴格的家長，他們對孩子有很高的期待，對孩子的教育也會花費大量的心思。他們嚴以律己，每日做好模範並言傳身教給孩子，讓孩子產生「吃零食」、「偷吃」的行為是不好的、不對的、不被父母認可行為的意識。於是，他們壓抑了自吃的欲望。但是孩子終究是孩子，他們的控制能力尚待發育，他們無法抵制商家的誘惑，當遇到機會時，想吃的念頭還是會無法抑制地跑出來，他們用其他途徑滿足自己的需求。

其實小孩子偷吃零食的行為、嘴饞的想法每個人都有，只是我們長大了，有了獨立支配金錢的能力，想吃什麼就去買什麼，因而忘記了小時候一塊糖所帶給我們的童年的快樂。週末窩在沙發裡大嚼洋芋片的人，或許也是那個把巧克力藏到櫃子的高處，以防孩子搆到的家長。我們也是矛盾體，不是嗎？

孩子偷吃，重點不是在偷，而是在吃。孩子對吃有極強的欲望，這是與生俱來的人類的本能。嬰兒在剛出生的時候，把他放在母親的胸口，他就會用本能去尋找乳頭，然後開始吮吸的動作，每一次吸奶的時候，你都會感覺到他用盡力氣，吃得小臉通紅，渾身發熱。當孩子逐漸長大，他每天會非常認真地觀看家長吃飯的動作，經常會不自覺地流下口水。當他第一次吃到食物的時候，他總是先認認真真地觀看，用手反覆地揉捏，最後用盡力氣把一小塊食物放進嘴裡（因為他的手還需要一段時間的練習才能準確地把食物送到嘴裡），他悶不作聲，用他的牙床一點一點地碾碎食物。在這個時期，他都會有自己喜歡的食物，吃到喜歡的食物時他會興奮地尖叫。孩子爆發出來的生命力讓人感動。

佛洛伊德認為，本能一直在尋找發洩的出口，這種能量發洩構成了一種內驅力，目的是消除緊張。快樂就來自於緊張感的消除。來自本能的欲望，就是一種內驅力，父母不讓吃，就是阻力，內驅力和阻力之間不斷地糾纏，反而會讓孩子對吃越來越有欲望，越來越難以滿足。

孩子為什麼喜歡吃零食

◇ 滿足社交需求。零食對於我來說，除了滿足口慾，還能滿足我幼年社交的需求。兒童時期所有美好的回憶都與吃有關，跟同伴一起分享零食，探討一款新零食口味的不同，一起玩裡面贈送的小玩具所帶來的快樂，讓我至今回味起來都覺得十分懷念。

◇ 零食是孩子的好奇心。現在的物資極為豐富，各式各樣的零食層出不窮。電視裡鋪天蓋地的廣告、超市裡琳瑯滿目的商品，產生了讓人無法抵擋的吸引力，讓孩子們什麼都想放到嘴裡嘗嘗。幾乎每個人都需要很強的意志力，去抵抗自己內心想要阻止嘗試的衝動。我們應該去相信孩子，相信每一個生命都是有自知的，能覺察自己的需求。

◇ 未被滿足的安全感，是一種回憶。我們會發現，成年人中一樣有特別喜歡吃零食的人。糖給予他的是安全感，是他對童年的回憶，也是他對媽媽的回憶——「小時候看電影，媽媽總會在出門前，背著爸爸給我兩塊糖，她知道爸爸不喜歡看到我吃糖。她總是疼我。」

【家長該怎麼做】

順其自然

我們可以制止，告訴孩子，過多的零食對他的身體是有傷害的。但這並不是好的辦法，對孩子來說，他們沒有辦法理解食物、健康、體重、卡路里、營養學等之間這些錯綜複雜的關係，他只是知道，此刻、當下、我喜歡、我想吃。特別是在孩子 2 ～ 5 歲的時候，他們的理解能力尚未成熟，但是他們的自主性逐漸增強，他會對吃特別有主見。什麼時候吃、怎麼吃、吃多少，他在用這種行為表達自己在掌控生活。我們僅依靠語言上的制止，不會有太好的成效。

與孩子一起享受美食帶來的幸福

與其被動地讓孩子牽著走，不如主動地跟孩子一起享受美食。朋友說，她最喜歡一家人在家裡做零食。她先生喜歡動手做，她和孩子在旁邊幫忙。週末的時候，一起嘗試做各種甜品。孩子因為參與了製作，自然也會很想嘗嘗自己的廚藝。剩下的食物，就可以作為平時的小零食，讓孩子帶到學校食用。

養成好的飲食習慣，不去強化零食

每一次制止都是一次強化。對於孩子主動提出想吃的零食，我們可以嘗試買下來，並讓孩子覺得零食不是一個特別的食物，就像平時喝的水、吃的米飯一樣，自然也就缺少了那份因為稀有而顯得格外獨特的魅力。大多數零食，特別是針對兒童的零食，偶爾吃一次，或者少量的吃並不會對身體產生影響。孩子的問題是他們的自制能力較差，如果一次吃得太多會影響主食的攝取，導致飲食不均衡，影響身體健康。所以，我們需要幫助孩子設計健康的食譜。譬如：我們可以跟孩子商定怎樣把零食吃完，怎樣與家人和朋友一起分享，如何搭配健康的食物一起吃，養成一個健康的飲食習慣，才是解決問題的根本。

第 8 節　自虐：釋放中尋找存在感

國中時，我發現有同學上課時用小刀在自己的手臂上劃出一道道傷口，這是我最早對自虐這個詞的印象。

高中時，有的男同學為了耍酷，露出手臂上的一個圓形的凸起的疤，說：「知道這是什麼嗎？這是煙火，抽菸燙的！」

所以對於自虐的行為，我一直認為是青春期那些無法按捺的憤怒和波動的荷爾蒙造成的。

【孩子出現自虐行為的心理解讀】

自虐（self-harm）是孩子傷害自己的一種行為，通常帶給父母極大的困擾，最早可發生在 2 ～ 3 歲，常見於青春期。傷害小一些的自虐行為，例如：打自己，扯頭髮，拿筆戳自己，約四分之一的青少年面臨自虐的問題。

古人云：「身體髮膚，受之父母，不敢毀傷，孝之始也。」所以，很多老師和父母遇到自虐的孩子，會認為孩子的行為是大不敬、大不孝之舉，用激烈的言語刺激孩子，責備孩子，甚至打罵孩子，這樣不但不會幫助孩子減少這樣的自虐行為，還會把孩子的心越推越遠，導致孩子出現更極端的情況。

自虐的人是想自殺嗎？

自虐並不一定是想自殺，這是兩種不同的心態。你可能會看到一個人的手臂因為自虐而千瘡百孔，但是他可能從未想過要自殺。自虐的人只是想透過這樣的行為，來減少內心的痛苦，或者吸引他人的注意。自殺的人未必會有自殘的行為習慣，但是嚴重的內心痛苦帶來的自殘行為，長期得不到緩解和干預，可能會導致產生自殺的企圖，這是我們必須關注的。

內心巨大的壓力

即便是很小的孩子，也會面臨內心巨大的壓力。包括來自學校、霸凌、對身體外形的擔憂、在他們苦悶時得不到幫助，或者是家庭遇到重大的變故，比如：家庭暴力、喪親……這些孩子不知道如何調整自己的情緒、如何舒緩內心的壓力。這些孩子常常還會有自卑感，感覺自己沒有價值、不被重視，甚至沒有存在感。他們大多是悲觀主義者，他們更願意自己去面對這些精神上的壓力，不相信會有人能夠懂得他們的痛，也不願意去分享內心的壓力。他們甚至會認為，沒有人在乎他，更不會有人在乎他是否被傷害。但他們發現自我傷害是一種釋放，孩子在釋放中可以感受到自己的存在。

釋放自己的痛苦情緒

「我每次用釘子劃皮膚，都感覺是一種釋放。」「為什麼用釘子？」「不知道。」一個手腕滿是傷痕的國中女孩描述自己的感受。

沒有過這樣經歷的人，很難理解自虐者所說的這種釋放的感覺。很多人認為自虐的人無非是無病呻吟、矯揉造作、心理變態，其實自虐是用破壞自己身體的方式在幫助自己降低憤怒的情緒、內心的傷痛、無法釋懷的壓力。「他們用外部的疼痛，來分散來自情感的痛苦。」身心科醫師解釋。研究顯示，自殘會在大腦中釋放內啡肽，從而減少緊張並帶來鎮定感。自殘帶給孩子一種幻覺，讓他認為自己可以控制自己的生活狀況。

渴望關注

「某些情況下，自殘也是另一種形式的溝通。」有心理學家提出。當孩子受傷之後，很有可能會引起父母、其他成年人，或者他渴望獲得關注的人的同情和關注。這種行為最初可能形成於幼年，在孩子生病或者受傷的時候，得到過親人的關注和愛，這讓他們感到非常滿足。所以，他仍然不斷地希望用這樣的方式——受傷，然後獲得關注——來達到自己的目的。

國中生小天，喜歡同桌小雪，自卑的他又不敢跟她表白，他就在上課的時候，用刀劃傷自己，希望小雪可以發現他受傷了，關心他。但是這樣的行為，反而引起了小雪的極度反感和恐懼。

像小天這樣的孩子，個性敏感、內向、自卑讓他的溝通能力受限，找不到與父母或者其他人建立良性溝通方式的管道。所以他們只會用這種兒童時期的方式，去尋求關注甚至是親密關係。這樣往往獲得的是畸形的、不健康的親密關係。

但是，並不是所有孩子的自殘行為都是為了尋求關注。還有一些孩子，他們只是為了減輕內心的痛苦，只是自己私下裡祕密進行，也並不想讓別人知道，他們用這種身體疼痛的方式排解精神上的痛苦，持續得越久，自我傷害的程度就越重。「最初他們只是用牙咬自己，抓自己，或者打耳光。」諮商心理師指出，「但是隨著他們年齡的增長，這些孩子會開始用刀片、碎玻璃來傷害自己。」

【家長該怎麼做】

發現跡象

正如上文所說，很多自殘是私底下祕密進行的，因為他們認為家長不會理解，老師和朋友也都不會理解他們的行為。所以，作為家長，我們很難發現這類孩子的自殘行為。

如果我們發現他們最近情緒持續低落、悲觀，開始不願意參加活動或者是突然減少了自己跟朋友外出的時間，喜歡獨自一人悶在家裡，這時候，我們或許應該尋找機會找他聊聊了。

當我們第一次面對孩子傷害自己的時候，看到那些猙獰的傷疤會令我們震驚、難以相信、心痛、擔心，但是請保持平靜，告訴孩子，無論遇到什麼事情，你都可以幫助他。雖然他們選擇祕密的方式進行，但是當我們真的發現了他的祕密的時候，他會感覺到一種釋懷。

跟孩子聊一聊

我們總是陷入家庭裡日常的瑣事，卻忽略了與最親近的人交流。最熟悉的陌生人，就是我們最常面對的生活怪象。我們有的時候過於關心身體的狀況，而忽略了精神層面的溝通。我們肯花 2 個小時來準備一頓豐盛的健康晚餐，卻經常來不及跟愛人分享下今天的感觸，跟孩子坐在一起聽聽他最近在想些什麼。

就是這種忽略，讓我們越來越難跟孩子展開話題。特別是家裡發生重大變故的時候，我們為了減少孩子的傷害，去刻意地隱藏、隱瞞，卻不知道這讓孩子更覺得自己是個局外人、一個無關緊要的人，讓孩子不斷地透過「猜」來獲取答案，反而增加了他的痛苦。

聊天會幫助孩子釋放情緒，但是情緒來了又走，走了又會來。我們不要指望一次就可以解決孩子的問題。我們不妨在家裡建立一個良性的溝通機制，每天留給自己和家人一點時間，哪怕 30 分鐘，大家坐在一起，聊一聊自己今天都遇到了哪些事，有哪些事情是值得高興和感恩的。用這種積極的態度來相互鼓勵，傳遞給孩子積極的情緒表達方式，不要避諱一些困難的話題，譬如：離婚、經濟壓力、死亡等，這是孩子最恐懼、最擔心的，也是最不會處理的部分。唯有面對恐懼，才能克服恐懼。

如果孩子已經習慣傷害自己

傷害自己也是一種成癮症，像戒菸，並不是每個人都能成功。情況嚴重的孩子，需要專業的幫助，幫他們從這種毀滅的循環裡走出來。我們要知道，孩子也很想從這個惡性循環裡抽離出來，但是他需要時間，需要勇氣、支持和方法。所以，我們要靜下心來，再多給孩子一點時間，讓孩子知道我們信任他，愛他，更願意幫助他。

幫助洩壓的方式

有很多方式可以幫助孩子減輕壓力、轉移注意力。長跑、游泳、網球等各式各樣的運動，都可以幫助孩子分散他們的注意力，減輕他們的焦慮感和憂鬱感，提升他們對自己的認同感和自信。除此以外，培養一個愛好，也是一個好的方法，比如看電影、繪畫、聽音樂，甚至是泡澡、寫日記，這都是良性的方式。

冰凍三尺非一日之寒，孩子的自殘行為，是很多次內心掙扎後的顯現，並不是一次偶然的事件。所以，發現問題後，我們也不能操之過急，需要循序漸進，用愛來接納孩子的一切，鼓勵孩子，相信孩子。透過一段時間的幫助，孩子一定可以學會健康地處理情緒。

第五章
習慣篇——別太在意，誰都會有些「小愛好」

第 1 節　吮指：從娘胎帶來的小習慣

很多家長對孩子吮指的行為非常苦惱。「我們很想做點什麼，卻又不知道該怎麼做。」有些家長相對平靜，覺得這是一個孩子正常的行為，應該隨著孩子長大，慢慢地就會減輕，而不該採用強制手段停止。

【孩子喜歡吮指行為的心理解讀】

吮指是與生俱來的

吮指（thumb-sucking）是孩子與生俱來的吮吸反射行為，許多嬰兒從離開媽媽子宮之前，就已經吮吸自己的手指好幾個月了。當他出生之後，他吮指的行為仍在繼續，心理學家佛洛伊德把嬰兒階段的吸吮需求稱為口腔期，這也是嬰兒人格發展的第一個階段，從出生大約持續到 18 個月。吸吮是這個時期嬰兒的基本需求，他可以透過吸吮媽媽的乳房、手指、腳趾等來滿足自己的需求。吮指行為可以給嬰兒安全感，所以很多孩子在感覺餓的時候、無聊的時候、需要撫慰的時候、入睡的時候，都容易出現這個行為，逐漸就養成了吮指習慣。

根據佛洛伊德的理論，孩子的口腔期滿足後，吸吮的行為會逐漸減少至沒有。一般來說孩子在 3 歲左右，吮指的行為會逐漸消失。但是有一部分孩子，他們吮指的行為並沒有隨著年齡的增長而消失，反而有越來越嚴重的傾向，這個時候我們的家長就按捺不住了。

為什麼會上癮

嬰兒期最初的吮指行為是值得被鼓勵的。這個行為對孩子來說並不是一個簡單的動作，他需要感覺系統和運動系統協調配合才能完成，是兒童成長的一種表現。還有研究表示，吮吸手指或者用安撫奶嘴的孩子在幼年時期情感上更為獨立，他們有更高的自信，當他們感覺到壓力的時候，可以透過吮指對自己的情緒自行安撫，然後繼續玩。

但是當吮指行為超過了合適的年齡，便成為一個不良行為，如果長期無法自制，就演變為成癮症，就如成人的暴飲暴食、吸菸、賭博等。什麼情況下一個不良的行為會變為成癮症？通常這與生理上有多少需求相關，換句話講，就是人們會有多渴望這個行為。偶爾的暴飲暴食，只是一次偶然的發洩。長期暴飲暴食，特別是明確知道暴飲暴食的危害，還無法停止，就形成了「癮」，吮指行為也是如此。

隨著孩子年齡增長，他們本應該學到更多的安撫自己情緒的方式。比如在無聊的時候，尋找更多玩具來打發時間，在感覺沮喪的時候可以去找其他的玩伴或者找媽媽尋求一個擁抱，感覺餓了可以自己拉開冰箱尋找食物。這些新的行為方式都可以完美地代替吮指的行為，但為什麼他們還沉浸於吮吸手指呢？那就是吮吸手指的感覺真的很好，這種感覺讓孩子們得到滿足。

吮指的危害

我們在網路上搜尋可以查到很多吮指的危害，比如：會帶細菌和髒東西到孩子嘴裡，讓孩子生病並影響孩子身體健康；會影響孩子長牙，造成牙齒畸形；會讓孩子手指因為總被口水浸泡而破潰；甚至有研究說會導致孩子手指畸形。有些還家長擔心孩子是不是有什麼心理問題，是不是自己哪裡沒有做好，讓孩子有了這樣一個行為。吮指一定是不好的行為嗎？

另一種聲音

有一個有趣的研究 —— 咬指甲和吮吸拇指的孩子對花粉、貓和塵蟎過敏的可能性較小。研究顯示，在 13 歲時，那些存在吮吸拇指或者咬指甲行為的孩子對常見的過敏源反應可能性降低了 33%，到 32 歲，達到 39%。分析認為這些孩子實際上透過把手不斷地放到嘴裡增強了對各種細菌的免疫力。

所以吮指的行為也並不完全是不好的行為，也並沒有我們想像的那麼糟糕，它還是一種對孩子的保護行為。

何時應該干預吮指行為

國外比較主流的說法是，4 歲之後，孩子如果仍然保持吮指行為，會影響孩子的嘴和下巴的牙齒，劇烈的吮吸會導致味覺的改變，會導致孩子永久性的牙齒錯位，影響牙齒永久性的咬合。而且隨著年齡的增長，如果沒有干預的情況下，孩子面臨著越來越難戒掉吮指的風險。

【家長該怎麼做】

對於幼齡的孩子不強迫停止

每個孩子都是獨立的個體，都有自己的認知。對於他們認為不舒服的事情，他們會自己選擇停下來。相對於戴手套、抹辣椒等強行干預的行為，我更推薦佛系療法 —— 順其自然，不要強迫孩子停下來。多數孩子的吮指問題，我們只需採用「不去在意，不去阻止」的方法，我們應該相信，當孩子準備好的時候，他自然就會停下來。在我看來，任何由父母發起的強迫、勸導，或者物理阻斷（打手、塗抹東西）對孩子不會產生正向的作用，只是在不斷地強化孩子關注吮指的行為，只會嚇壞孩子，讓他學會避開家長去做自己想做的事情。

如果擔心孩子吮指會讓孩子把細菌帶入口中，引起孩子生病，我們可以提醒孩子勤洗手，幫他養成講衛生的好習慣；如果擔心對孩子的牙和面部產生影響，我們可以在帶孩子看牙醫的時候，幫助孩子了解他牙齒的情況和戴牙套的種種不適，讓孩子從主觀意識上產生停止吮指的意願；我們如果覺得孩子是因為無聊而吮指，可以讓孩子忙起來，特別是讓他的手忙起來，比如：一起做手工、一起種菜、學習做家事，買一些需要孩子動手完成的玩具，比如拼圖、陀螺、飛鏢等，做任何孩子感興趣的事情，而不是不斷地去強調不要吮指。

了解觸發吮指的源頭

有的孩子只會在特定情況下，頻繁地吮指。比如：當孩子感受到緊張的時候。所以，放棄自己想阻止孩子吮指的想法，多跟孩子一起聊聊，或者在天氣晴好的時候，帶孩子出門走走，營造一個良好的氛圍，多了解下孩子最近的新動態。如果吮指的原因來自壓力，那麼就要知道到底是什麼導致孩子產生這麼大的壓力，是家裡的事情，還是在幼稚園遇到了什麼困難？如果是因為恐懼、緊張導致的吮指，則一般是由特定的事情引發的緊張感，讓孩子出現「退化」的行為 —— 吮指。比如遇見陌生人、說謊、當眾講話……就要仔細觀察，確定具體事件，消除孩子對事情的恐懼和緊張，吮指行為自然就會消失。

同輩效應

正如我們前面所說，孩子因為感覺良好、滿足而不斷地吮指，那麼如果這個行為不再讓他們自我感覺良好，就存在被替代的可能了。比如：我們擔心孩子因為吮指在幼稚園被同齡孩子嘲笑或者被欺負，這或許是個好事情。如果孩子真的被其他孩子指出這個行為，那麼他一定會感覺不舒服。跟孩子及時溝通，好好聊聊，讓孩子清楚，其他孩子的態度只是針對他的吮指的行為，而並不是他這個人，如果他願意放棄這個行為，同伴就會對他有改變。事實證明，同儕壓力通常要比父母強制孩子改掉這個習慣更有效。

自己下定決心

所有成癮習慣都存在改變的可能，都是當事人本身產生了想要改變的欲望。解鈴還須繫鈴人，當孩子自己意識到這個行為已經不適合他的年齡了，當他決心要跟吮指行為說再見的時候，我們就該走上前，幫助孩子一起做一個行動計畫，並成為他的支持者。

任何成癮行為的改變都不是一個容易的過程。我們要幫助孩子設計階段性的目標計畫，比如列一個圖示，和孩子一起來制定計畫；白天不吮指可以獲得一個積分，連續累積5分，可以自己選擇一個新玩具作為表揚自己的禮物。不斷地鼓勵孩子和溫柔地提醒是積極的支持行為，會幫助孩子建立信心和勇氣。

耐心和堅持至關重要

羅馬不是一天造成的，任何一個行為的形成和消失都不是一朝一夕的事情。當孩子決定改掉吮指習慣的時候，並不意味著他一定可以戒掉，這需要我們共同努力。當遇到問題反覆的時候（這簡直是一定的），孩子會感覺這個事情對他們來說真的是太困難了。他們會開始懷念手指在嘴裡時舒適的感覺。相比較於白天，晚上更讓孩子難熬。白天，孩子的頭腦比較清醒，控制能力相對較強。到了晚上，尤其是睡著了，孩子很難控制自己不去吮吸手指。這就需要父母的理解，和孩子共同尋找可行的辦法，並隨時調整計畫，克服困難。

第 2 節　啃指甲：最容易養成的癖好

比起上一節的吮指，孩子咬手指、啃指甲、咬手皮也是讓父母苦惱的行為。這些啃咬行為，會給手部的外觀帶來很大的影響，有些甚至會持續到成年。

【孩子喜歡啃指甲行為的心理解讀】

不明原因的啃指甲

最初啃指甲的行為可能只是偶發的行為，比如：小朋友指甲長了，他沒有找到指甲剪，或者不會用指甲剪，採用咬這個行為來臨時解決問題;或者，他只是偶然在無聊的時候，發現啃指甲是一件有意思的事；或者最初只是無意識地啃指甲，結果越咬越津津有味；我們無法清楚地了解每一個啃指甲的孩子最初是怎麼開始這個行為的，但是，我們認為啃指甲只是一個相對無害的習慣那就錯了。

慢性咬甲癖

啃指甲在醫學上又稱為慢性咬甲癖（chronic onychophagia），被認為是最常見的緩解壓力的習慣。無法控制的咬指甲行為，逐漸破壞了指甲周圍的組織，讓指甲周圍的皮膚逐漸感染，破壞指甲的外形並帶細菌到身體裡。

還有的孩子逐漸從啃食指甲，擴散到扯手皮、咬手指；或者是從啃物開始，比如鉛筆、衣服、桌子，發展到啃手、啃指甲，甚至發展到啃關節、手臂或者身體上任何可以觸及的地方。這類皮膚吞噬的行為又被稱為咬皮癖，是心理健康研究中的一個新興概念。

咬皮癖（dermatophagia）是指人強迫性地咬、嚼、吃皮膚的狀態，通常影響的是手部皮膚，不局限於咬指甲，或者偶爾地啃手，比如：從啃指甲行為，擴散到啃手、啃手指甲周圍的皮膚，還有的就是從啃手或者啃口腔內、嘴唇的不平整的皮膚開始，逐漸擴散。這種行為可以是有意識的或者是無意識的，是常見的行為。

在美國，3～6歲的學齡前兒童中存在咬指甲行為的約占23%；有一項針對印度的研究中，7～10歲的兒童有33%的指甲是咬傷的，青少年中約有45%。但是這些調查並不足以說明這種啃咬行為的存在比例，真正擁有這種行為的孩子可能要比這個數量多。

很多人並不覺得這個行為是個問題，或者很多家長自己也存在這個問題，所以並沒有引起家長們的注意。有些小朋友還因為隱藏得很好，比如：只是咬嘴皮、咬指甲，讓父母沒那麼容易發現他的行為。有些則是不太願意談論這個行為，覺得很尷尬。大多數有這種行為的人，不會去尋找專業的幫助，因為畢竟這個行為只是會導致手部看起來沒那麼美觀，指甲有些不平整，手指邊緣有些粗糙而已。

孩子為什麼形成這種行為，現在的結論並不統一，或者說並沒有弄清楚真正的原因。

不同的聲音

佛洛伊德的觀點

按照佛洛伊德的精神分析理論來看，這個行為屬於口腔期沒有發展好，導致了口慾滯留。口慾滯留的原因就比較多了，比如：哺乳期母乳時間不足或者過久，母親沒有及時響應嬰兒的需求，孩子的啃咬行為被強行制止，過於壓抑孩子的啃咬行為等等。

另一派精神分析

精神分析的另一派別認為這是攻擊欲望被壓抑的行為反應。指甲和牙齒是人類外表最為堅硬的兩個部分，對孩子來說，是最有力量的攻擊武器。心理學家認為，這些孩子用矛攻擊盾——牙齒和指甲互相撕咬的行為，意味著一個人將攻擊轉向自身，主動地毀掉自己最有力量的攻擊武器。為什麼？因為外界環境不允許他表達攻擊。

例如：孩子被家暴，他心中充滿了憤怒，但是他不敢也沒有能力反抗，隨著累積的憤怒越來越多，他反抗的欲望越來越強，最終選擇了毀掉自己的武器——指甲，表達自己沒有能力反抗，同時也是在安慰自己。

緩解壓力

有專家認為這是一種應對壓力的方式，這個行為可以幫助孩子緩解壓力，並且可能一直持續到成年，甚至影響他的孩子。

「因為這種行為並沒有什麼太嚴重的影響，並沒有毀容。」專家的結論。

其他觀點

還有的專家認為這是其他一些疾病的表現症狀，比如有74.6%的過動症兒童存在啃咬行為。所以，也建議父母發現孩子有很嚴重的啃咬行為的時候，考慮諮詢專業的醫生。

還有的研究認為啃咬行為是自殘行為的一種，但是也有研究認為啃咬行為與自殘是完全不同的，啃咬行為是透過這種行為減輕自己的壓力，並且從行為中獲得樂趣，而不是像自殘一樣，有意地傷害自己，雖然啃咬行為可能會造成人身傷害，但這不是故意的。

研究認為，這種行為和強迫症相關或者部分相關，雖然目前並不清楚原因，但是遺傳和社會因素都有可能對這種行為有所影響。就如強迫症一樣，患有強迫症行為的人的家庭中也更容易出現強迫症。所以，這種啃咬行為是不是由後天習得和基因雙重作用下的結果，我們還不得而知。

研究發現，啃咬行為似乎具有遺傳的傾向。啃咬行為又與焦慮有關，當這類人感覺無聊、緊張、孤獨或者飢餓的時候，他們會開始咬指甲、咬手。而啃咬行為的人的直系親屬的情緒和焦慮症的發生率高於平均水準。還有研究發現，通常咬指甲的人，在幼年更喜歡吮吸手指，到了成年更喜歡嚼口香糖，或者是抽菸，這類人願意透過口腔行為來舒緩壓力。

但是我們也並不要認為這種行為就是一種很特殊的精神疾病或者一定跟情緒、壓力遺傳相關。其心理學類報紙曾報導一個案例：一個 15 歲的小男孩，除了性格上有些頑固，其他都是完全正常的孩子，並且學業成績令人滿意。並且，這個孩子已經有意識地控制自己咬關節的行為。

【家長該怎麼做】

作為家長，我們能做些什麼呢？

先了解孩子為什麼會出現這種行為

孩子是因為累了？壓力大？還是因為指甲總是沒有及時剪短，養成了這樣的習慣？還是餓了，又找不到其他吃的。想終止孩子的啃咬行為，我們最好是能了解或者嘗試了解孩子出現這種行為的原因。如果能找到觸發行為的因素，這是緩解行為最有效的方式之一。

永遠不要碎碎唸

我們已經反覆提到，對於想要改變的行為，每一次的指責、批評、懲罰、碎碎唸都是行為的一次強化，不但沒有任何幫助，還會加深孩子的焦慮，打擊孩子的自信。父母要給予孩子自由表達的機會，而不是總是在表達自己的觀點和態度，用說教的方式不斷地否定孩子，希望讓孩子達到自己期待的結果。這會讓孩子有憤怒的情緒產生，或者讓孩子覺得自己在做不好的事情而產生自卑心態。

不推薦厭惡療法

厭惡療法是一種較為常用的行為治療技術。需要把要戒除的目標行為與不愉快的或者懲罰性刺激結合起來，透過形成厭惡性條件反射，以消退目標行為對患者的吸引力。比較常見的方式就是在手上塗一些孩子不喜歡的味道，讓孩子對啃咬手的行為產生厭惡的心態，達到擊退行為的目的。但是根據研究顯示，厭惡療法可能會讓孩子啃手的行為得到了抑制，但是如果引發孩子發生行為的本質問題沒有找到，比如：由於壓力過大、焦慮，孩子排解壓力的行為被終止了，孩子的壓力無處排洩，很有可能尋找其他的方式排解出來，出現新的啃咬行為，或者轉而性格內向，反而影響了孩子的心理健康。

保持孩子手指衛生

我們要勤於替孩子清理指甲，讓他們的指甲不要過長，要保持手部的乾淨，定期清理死皮，避免因為指甲過長、死皮過多，誘發孩子啃咬指甲的行為。同時也能及時發現孩子手部的問題，因為如果啃咬行為讓孩子的手出現感染，家長就要及時領孩子就醫。

不要過於擔心

除了部分孩子發展成一種影響正常生活的癖好外，多數孩子隨著年齡的增長會逐漸自癒。當孩子意識到這個行為的危害性，透過自己的意志力，是完全可以改正的。譬如：有些女孩長大之後，開始在意自己的外表，喜歡留長指甲讓手部顯得更為修長，會主動控制自己啃指甲的行為，逐漸就好了。

第 3 節　拔頭髮：能帶來快感的習慣

10 歲的小巖最近前額頭髮明顯減少，媽媽以為他是營養不良導致的掉髮，到醫院一檢查，結果讓媽媽很意外。稀疏的前額的毛髮竟然是小巖自己扯下來的！醫生建議小巖轉診到身心科，這讓媽媽很擔心。

孩子為什麼會拔自己的頭髮？

這是一種心理疾病嗎？還是精神疾病？

【孩子喜歡拔頭髮行為的心理解讀】

拔頭髮的行為，與上一節我們提到的咬指甲、咬嘴唇皮以及挖鼻孔、摳鼻子周圍的皮膚、咬臉頰等一系列行為，都被稱為身體集中重複行為障礙（body-focused repetitive behaviors, BFRBs）。一般始於兒童後期或青少年期。一般包括：頭髮（拔頭髮、吃頭髮）、皮膚（皮膚撕扯、吃皮）、口腔（咬嘴唇、內唇、舌頭）、手（咬指甲）、鼻（挖鼻孔）。

拔毛過程體驗快感

拔毛癖患者在拔毛過程中能體驗到快感，這是與強迫行為最大的感受區別。雖然拔毛癖與摳皮症等身體集中重複行為障礙都被歸類到強迫行為中。

不僅是拔頭髮，眼毛、眼眉、身上的毛髮都有可能被拔掉。「我戴假髮，畫眉毛，但是我還是停不下來拔掉它們。」一位 12 歲的女孩描述她的生活。她刮乾淨身上的毛髮，而且就連新長的也不放過，「我不記得是從什麼時候開始的了。我只記得我一直很偏愛拔眉毛和頭髮。」

無意識的拔毛

有的孩子並不知道自己在扯頭髮，直到他發現地上全是毛髮。這是無意識的拔毛癖患者。「多數情況是我在看書、想事情的時候拔，有的時候是在看電視。我總是突然發現我的手在頭上，但是卻沒有意識。」

拔毛行為的危害

並不是所有的有拔毛癖的孩子都會把頭髮吃掉。但是如果他吃掉的話，後果會很嚴重，大量被吞噬的頭髮無法在腸胃中消化，需要手術才可以把它們取出來。

還有一類孩子，他們在私下裡偷偷地拔毛，他們非常清楚自己在做什麼，並且感覺非常好。「扯頭髮可以緩解或者減輕焦慮。」有些孩子說，即使拔頭髮已經造成他們有明顯的外觀損害了，「雖然我的同學取笑我的假髮，這讓我很尷尬，但是我仍然沒有辦法停止拔頭髮。」

有嚴重拔毛癖的孩子會影響孩子的外表，同時遭受情感和社交障礙。他們通常用帽子、假髮、頭巾等裝飾物來掩蓋自己的脫髮。根據不完全統計，拔毛癖通常發生在 12 歲左右，也可能會出現在較小的兒童中。

由於很多人不願意面對自己的這個癖好，我們無法獲知這類人在人群中的準確占比。專家們猜想有 2%～ 5%的人患有拔毛癖，但這只是一個樂觀的數字。專家說：「我們缺乏大規模的全球性研究，我們無法確定這類疾病的精確患病率。」女孩比男孩更容易患上拔毛癖，比例大概在 8：1。在患有強迫症的兒童中，或者近親患有強迫症的兒童中，常常同時存在拔毛癖行為。當頭髮再長出來的時候，往往伴隨著頭皮發癢，所以孩子會繼續扯掉頭髮，來緩解他頭皮的不適。

有這類行為的孩子並不期待他人的關注，相反他們更喜歡安靜地拔毛，甚至都無從知曉自己正在拔毛。那些專注於拔毛的孩子，只想避開他人的關注，獨自享受拔毛帶來的快感。「我有時候感覺自己是變態的。我覺得自己是神經病、是怪胎。」很多孩子一面感受羞愧、恐懼和孤獨，一面用拔毛在安慰自己的情緒。

拔毛癖和咬皮癖、咬甲癖類似，都與自殘不同。他們不以傷害自己為目的，但結果還是在不停地傷害自己。很多人由於不斷地拔頭髮，導致自己毛囊感染、毛囊永久性損害，無法再長出頭髮。

拔毛行為的原因

至於形成拔毛癖的原因，跟咬甲癖類似，都不能拿出確切的結論。當然有研究認為跟基因相關，但是拿不出確切的證據。雖然很多家庭會有不止一位患有這類身體集中重複行為障礙疾病。也有研究認為拔毛癖與氣質有關，譬如完美人格更容易患病。但更多的人傾向於把拔毛這種行為歸結於迴避壓力，釋放急躁、沮喪、無聊、緊張的情緒。

沒有明確的證據可以證明拔毛癖與創傷有關。有研究顯示，有 50%的患者說，開始出現拔毛行為時，可能是與某些負面的事件或者創傷型事件有關。比如：更換學校、搬到新城市、父母離婚。但是事實證明，並不是所有經歷過創傷性事件的人都會患拔毛癖，也並不是所有的拔毛癖患者都經歷過生活的巨大變化。所以創傷與拔毛癖之間並不相關。

幼兒的拔頭髮行為也很常見，據報導約占幼兒的 4%，但是也並不準確，因為很多孩子有這樣的行為，但是並沒有引起父母的注意。有些幼兒的情況會隨著年齡的增長而逐漸變好，但是有的孩子會逐漸把這種行為發展成拔毛癖。

幼兒需要逐漸形成一些感知覺行為習慣來幫助他們安慰自己或者讓自己放鬆，比如：吮指行為、吮安撫奶嘴、撫摸安撫毯、撫摸毛絨玩具。但是還有一些孩子，把自己的安撫習慣與頭髮連繫在了一起，比如：撫摸頭髮、用手指纏繞頭髮。這些行為習慣在孩子成長中逐漸養成，不斷地對躁動或者疲倦的孩子進行安撫，甚至有些行為已經成為孩子入睡習慣的一部分。幼兒的這些行為大多無害，但是如果幼兒把撫摸頭髮變成了拔頭髮，那麼就會養成一個很難抹掉的習慣。

【家長該怎麼做】

觀察

對於幼兒的拔頭髮行為，家長首先要觀察他們是什麼情況下會出現這個行為，比如：看電視的時候？玩遊戲的時候？還是入睡前？什麼情況下拔頭髮的行為會減少？這些細節會更好地幫助家長處理問題。

尋找替代物

在了解幼兒的行為習慣之後，就需要幫他尋找頭髮的替代物，比如：長頭髮的娃娃，讓他逐漸習慣撫摸長頭髮的娃娃來達到安撫效果。如果孩子拔頭髮是為了滿足口慾 —— 吃掉頭髮，那麼可以選取新的替代頭髮的安撫奶嘴或者牙膠。

■ 碎碎唸無效

同樣，碎碎唸是無效的，除非家長想強化孩子拔頭髮的行為。把頭髮剪短或者替孩子戴上手套，會對孩子有一定作用，但前提是讓孩子接納這個方式。與啃咬行為類似，讓孩子的手忙起來，有助於轉移孩子對頭髮的注意力。比如：多和孩子一起運動、玩遊戲；多陪伴孩子在他感覺難熬的時刻 —— 睡前。

■ 耐心陪伴

同樣，習慣的養成非一日之功，改變習慣也不能操之過急，家長需要有耐心和信心，陪伴孩子一起與拔頭髮的習慣說拜拜。

■ 接受治療

對於已經形成拔毛癖的孩子，更好的辦法就是鼓勵孩子去接受心理治療。比如：

◇　認知療法：了解自己為什麼要拔毛，改變自己對拔毛行為的錯誤認知；

◇ 習慣逆轉訓練：透過讓患者學會辨識最有可能發生拔毛行為的環境，用其他行為替代拔毛行為，比如出現拔毛衝動的時候，選擇握拳或者玩玩具；
◇ 正念（mindfulness）療法：幫助一個人觀察和接受負面情緒和衝動，而不是透過拔毛來解決。

然而，並不是所有的治療方案都會行之有效，或者說現在並沒有一種治療方案能夠確保一定有效。也許我們更需要用愛來接納孩子的這種特殊行為，同時也是在幫助孩子接納自己，接納自己的與眾不同。

第4節　愛哭：孩子表達意願的特殊語言

孩子在一聲啼哭中來到世上，哭是孩子的第一語言。在他們是嬰兒的時候，哭代表他們各式各樣的需求；當他們累了、餓了、不舒服了、病了，他們都會用哭來表達；當他們長大一點的時候，哭代表一種情緒的流動，可能是他們感到悲傷、生氣、沮喪……

【孩子愛哭行為的心理解讀】

嬰兒期孩子的哭

在嬰兒期，孩子的哭是一道難解的題。特別是對於新手爸媽們，如何理解孩子的哭，是他們的第一門功課。

當嬰兒哭的時候，家長們首先應該檢查下是不是孩子哪裡不舒服了，比如：尿布鬆緊度不合適、衣服不舒服、身體下面有東西讓他感覺不舒服……再逐一排除孩子有沒有生病、有沒有需要換尿布、有沒有需要哺乳、有沒有到了入睡的時間……這些都排除之後，孩子的哭，就是一種陪伴的需求。

幼兒期孩子的哭

隨著孩子逐漸長大，逐漸有了語言表達能力之後，哭也會逐漸減少。幼兒的情感已經豐富起來，2 歲以後，他們開始出現複雜的情緒，例如：尷尬、害羞、內疚、嫉妒和驕傲。但是幼兒的語言能力有限，他們還很難用語言清晰地描繪他們當下的感受，因此哭泣還是他們讓情緒流動的一種方式。幼兒哭泣除了表達悲傷、生氣、沮喪外，還可以表達受傷、尷尬、嫉妒等。

他們除了有了更複雜的情緒體驗外，思維能力也有所提高，這與嬰兒期有所不同。比如：他們會有記憶，在去醫院的路上，已經回憶起上一次的疼痛，開始擔心地哭。他們也會有被傷害感，比如：被他們在意的同伴拒絕一起玩耍的時候，他們會傷心地哭。他們還會有共情能力，當他們看電影的時候，會被電影的情節感動得哭。

學齡期孩子的哭

隨著年齡的增長，孩子的哭越來越少了，因為他們語言能力飛速發展，他們用語言可以更便捷、更準確地表達因為什麼不開心、需要什麼、想要什麼，他們更喜歡去談論他們的感受。

學齡期的兒童已經可以在哭的時候預測他人對自己哭的

反應，並且會因為後悔和內疚而哭。有的時候是為了逃避父母的懲罰或者用眼淚來撫平父母的憤怒。他們也會控制自己哭的行為，如在他們不喜歡的人、同伴或者可能會收到不友好回應的人面前。

困難型氣質 —— 高需求的哭寶寶

氣質是個體在情緒、運動、注意反應以及自我調節等方面的先天差異，是成人人格的情緒和行為的基石。在嬰兒期，孩子們就會逐漸展現出不同的氣質。我們會發現有一些孩子，他們哭的頻率、時長，較其他孩子會多。根據統計，有十分之一的孩子，會哭更多 —— 每天超過 3 個小時。根據嬰兒某些方面的類似行為，可將大多數嬰兒分為 3 種氣質類型。

◇　容易型氣質：約占 40%，隨和的兒童，脾氣平和、情緒較為積極。

◇　困難型氣質：約占 10%，這類兒童活躍、易怒、生活沒有規律，適應能力較弱。

◇　遲緩型氣質：約占 15%，不怎麼活躍的兒童，有點憂鬱，適應能力較弱。

剩下的 35%是無法分類的、具有獨特個性的孩子。我們所說哭得比較多的，就是困難型氣質孩子，也有人稱其為高需求寶寶。這類嬰兒哭得厲害、聲音大，很難安撫，他們也很難平靜地入睡。深夜醒來之後，很難再入睡，這類寶寶經常把父母搞得筋疲力盡。

如果我們幸運地遇到了容易型氣質的寶寶，那麼恭喜你，你可以有更多的睡眠，讓超過半數的家長都羨慕你。

如果我們擁有了一個困難型氣質的寶寶，這意味著家長要付出更多的精力與時間。但這並不代表困難型的嬰兒一定會成長為困難型兒童、困難型少年。根據研究顯示，早期的氣質特徵有時候會保持，但有時候會改變。氣質是否可以改變，取決於與父母教養方式的擬合度。

也就是說，氣質與父母之間的關係和影響是雙向的。在父母的良好養育下 —— 父母表現出較高的情感和自主支持的時候，一個困難型孩子的認知水準、學術和社會適應能力不一定比容易型孩子的差，甚至會比容易型孩子更優秀，但是如果父母教養不好，困難型嬰兒很有可能會變得更糟。

所以，如果父母可以始終保持平和，幫助孩子建立規則和約束，與孩子建立安全型依戀關係，讓這些困難型孩子在耐心、敏感而又有要求的父母培養下成長，他們會成長得越來越好。

相反，如果當孩子控制不住哭泣的時候，父母對著孩子吼叫，希望孩子停止，不斷地懲罰、打擊困難型的孩子，採用強硬的措施來限制孩子，這樣的方式對困難型兒童很難有效，會導致他們哭得更厲害且更加反抗父母的管教，逐漸形成惡性循環。

敏感型寶寶 —— 高敏感度的哭寶寶

除了高需求寶寶喜歡哭，敏感型寶寶也是愛哭的一族。

有15%～20%的孩子，他們的神經生而敏感，他們敏感的神經可以幫助他們快速感知事物和對事物作出快速的反應，他們能夠迅速地掌握細微的變化，他們喜歡在行動前進行深刻的思考，他們的態度非常認真。他們是多種氣質特徵融合的寶寶，有些人活躍、感情多變、固執，也有些人平靜、內向，但是很難與他人融合，因為他們挑剔又直言不諱。但所有的敏感型寶寶都是對情感、身體、環境等敏感的，這讓他們從小就愛哭。

在他們還是嬰幼兒的時候，就表現出了敏感的特徵，他們的哭泣會有所不同，甚至會因為噪音而哭泣，因房間凌亂而哭泣，聞到奇怪的氣味、看見刺眼的燈光，甚至聽見燈泡的嗡嗡聲，但凡讓他們感覺不舒服的事情，都會引發他們哭泣……但是，讓人困擾的是，他們不具有或者還不能清楚地表達自己到底因為什麼而不舒服，家長們又感知不到讓這群孩子敏感的內容，所以經常搞得家長們一頭霧水。

對於敏感型寶寶，他們是非常善於觀察父母情緒的，所以，遇到敏感型孩子哭泣的時候，我們緊張得不知所措，反而會讓他們更加不安。我們最好是用輕鬆的方式，先讓孩子從敏感狀態中抽離出來，從哭泣中停下來，讓孩子深吸一口氣，或許這些伶俐的孩子馬上就會好起來。

情緒調節能力有待提高

有的時候，孩子經常哭可能是缺乏情緒調節的能力。他們遇到了問題或者令他們沮喪的事情，並不清楚該如何做才能讓自己好起來。比如：他們在學校受到了嘲笑或者同伴的冷落；他們心心念念的體育比賽，卻剛好錯過了。他們在困難面前束手無策，缺少解決辦法，也不會調節自己已經膨脹的情緒，所以只好用本能的哭來調節情緒、尋求幫助。

如果孩子是因為情緒而哭泣，那麼我們需要幫助孩子了解自己的情緒，並且逐漸學會釋放與調整自己的情緒，成為情緒的主人，而不是被情緒牽著走。當他們感到難過的時候，我們嘗試著坐在他的旁邊，聽聽他為什麼而哭泣，不妨幫他詳細分析下他覺得難過的事情，幫助他體驗自己當下的情緒，了解自己現在的情緒狀態，當他開始分享的時候，他調節情緒的能力就在逐漸提升了。

經歷焦慮

當嬰兒與父母形成依戀的時候，也會在跟父母分開時出現分離焦慮。譬如：媽媽要離開家出門的時候，10 個月的孩子就會哭鬧不停；甚至 18 個月的孩子仍然會在媽媽要上班的時候，追到家門口不讓媽媽走。分離焦慮一般從 6 個月開始，大多會持續 10 ～ 12 個月，隨著孩子年齡增大會逐漸好轉。

幼齡的孩子也會因為焦慮而哭，雖然對家長來說，我們很難理解兩三歲的孩子會面對什麼焦慮。但是就是那些不值得一提的事情。比如：沒睡好覺、小朋友吃了他的零食、沒有看到自己喜歡的卡通……都會讓孩子感覺到焦慮。當焦慮沒有辦法排解的時候，就會用哭來表達。

【家長該怎麼做】

接納孩子的情緒

引發孩子哭的原因可能是千奇百怪的，我們也沒有辦法逐一談到。但是，如果孩子開始哭了，就說明他一定是有所需求，要麼是身體上的，要麼是心理上的。我們看不透，說明我們還不夠了解孩子當下的情況，還不夠敏感。但是我們可以做到平靜地接納，看到孩子的眼淚，接納孩子此刻的情緒，給予孩子關注，讓孩子逐漸把膨脹的情緒放鬆下來，靜下來之後，我們再去跟他好好進行溝通，傾聽他的內心世界。

同輩壓力有助於減少哭泣

最有意思的是，大多數孩子在他們上學之後（6～7歲），哭的次數會明顯減少。有學者提出：同輩壓力可以幫助孩子學習控制自己的情緒，讓孩子逐漸走向成熟。當他們發現同學們並不喜歡跟一個哭哭啼啼的孩子一起玩的時候，他們自然就會學會不在公眾場合流下眼淚了。孩子們就是這樣一點點地慢慢長大了。

第 5 節　抽菸：成人的誘惑

每年的 5 月 31 日是世界無菸日，希望下一代可以免受菸草危害。然而事與願違，吸菸和二手菸一直嚴重危害著青少年的健康。

全球有 13 億左右的人口吸菸，每 5 個人就有一個是吸菸者。臺灣的成人吸菸率約 13.1%，其中有一半以上是在 15 ～ 16 歲左右開始吸菸。

在美國，有 90%的吸菸者，在 18 歲或者 18 歲之前開始吸菸，26 歲以前，幾乎所有吸菸的人已經開始吸菸了。青少年時期開始吸菸，往往在步入成年後會繼續吸菸，並且開始吸菸的年齡越小，成年後的吸菸量就越大，菸草造成的危害也就越大，並且戒菸的可能性就越小。無論吸菸或是不吸菸的人，都知道吸菸有害健康，為什麼還是有這麼多的人加入吸菸的隊伍裡？

【孩子抽菸行為的心理解讀】

嘗試心理和冒險行為

越是禁止的就越是有吸引力的。禁止，本身就是另一種強化，特別是對青春期的孩子。青春期是從少年到成年的過渡期，生理上，大腦發育尚未成熟，身體正處於加速發展時期。而在心理上，青春期的孩子正處於強烈的自我探索時期，他們想知道自己是誰，想知道自己是怎麼一回事，自己未來何去何從。他們強烈地渴望不同，又強烈地害怕被同儕排斥。他們自認為已經長大、成年，但實際上他們的大腦發育不完善，注定了他們的不成熟。

不成熟的大腦，充沛的荷爾蒙讓他們既衝動又忽略後果。吸菸讓他們覺得是一種冒險行為，因為太多的禁止和吸菸連繫在了一起，但這種冒險充滿了刺激，滿足了青少年的好奇心，從而增加了青少年吸菸的人數。吸菸的行為又代表了他們對成年的想像，錯誤的認知讓他們將吸菸與成年連繫在了一起。但同時他們因為年幼，又低估了香菸的危害性。

同儕影響

同儕團體在青少年吸菸活動中發揮尤為重要的影響作用。他們極容易受到同儕的影響而開始吸菸，同儕的影響是改變行為的強大動力。同儕中有一半以上的人吸菸，或者有一兩個好友吸菸，或者學校裡吸菸現象非常普遍，將提高青少年吸菸的風險性。

賓州大學的研究成果表示，集體文化的人們更容易受到周圍同齡人的影響。在數據上，集體主義國家中吸菸的可能性要比非集體主義國家高 2 倍。這個研究涵蓋 16 個國家的數據，其中集體主義國家是中國、韓國、約旦和葡萄牙，個人主義國家則是美國、澳洲、加拿大、荷蘭和英國，並且，亞洲背景的青少年會比歐洲背景的青少年更容易受到同儕的影響。

在同儕影響的研究中發現，比起較遠的朋友，較親密的朋友更有可能影響同儕開始吸菸，然而並不會因為親密的同儕關係而讓青少年持續吸菸，菸癮的形成更多來自香菸本身。同儕效應對青少年影響尤為明顯，因為孩子與同儕在一起的時間遠超於與父母在一起的時間。

感覺良好

有研究顯示，香菸可以給人帶來一定的快樂，特別是當人感覺不愉快的時候。香菸可以幫助擺脫痛苦、恐懼、憂慮，可以讓人忘記當下的緊迫情緒，放鬆下來，這是香菸中尼古丁的作用。尼古丁是香菸中的主要成分，它像古柯鹼和海洛因一樣會讓人上癮。吸菸的時候，大腦釋放一些化學物質讓吸菸者可以從現實生活中解放出來，釋放掉壓力，所以它讓青少年喜歡上這種放鬆的、自我感覺良好的感覺。

基因影響

紐西蘭、美國、英國的一些科學家做過一項關於重度菸癮的基因風險的研究。他們對 1,000 名來自紐西蘭的實驗對象進行長達 38 年的觀察，最終確認具有高遺傳風險的個體在青少年時期更容易染上菸癮，並且更容易快速成為嚴重菸癮者，他們的菸齡更長，更依賴尼古丁，戒菸也更容易失敗。

杜克大學的研究人員指出，遺傳風險加速了菸癮形成，高遺傳風險的青少年只要嘗試吸菸就會迅速成為嚴重的菸癮者。

除了基因的影響，親友吸菸的行為也會對青少年產生「模範」作用，讓青少年學習模仿。許多青少年吸菸是因為他們的父母就是吸菸者。如果他們的兄弟姐妹有人吸菸，更容易促使他們開始嘗試吸菸。在心理上，他們認為這是一種「趨同」，只有做同樣的事情，才會讓他們感覺關係更緊密，雖然他們知道吸菸對健康不利。

模仿心態

雖然青少年並沒有進入社會，但是他們也沒有與社會完全割裂。他們透過網路、電視、電影以及各式各樣的媒體來了解這個社會，吸菸的畫面也會輸入他們的腦海中。

文藝作品經常會刻劃一些吸菸的場景和吸菸的人物形象，藝術工作者們更多考慮的是刻劃角色的需求，而不是過於突顯吸菸的行為，一般也不會考慮對青少年產生的影響。譬如：風靡一時的美劇《紙牌屋》中，男女主角一起在窗邊徹夜吸菸、暢談的情節；王家衛電影裡反覆出現的憂鬱的男主角一個人安靜地吸菸的形象……這些在藝術作品中堪稱經典的橋段，對青少年的影響未見得是好的。青少年時期在追求同一性的過程中，在尋求身分認同過程中，很容易模仿他們認同的人。他們不會考慮吸菸行為的好與壞，他們只會認為這是「我」欣賞的人在做的事情，「我」如果這樣做，就會更靠近「我」的偶像。

其他情況

有些青少年認為吸菸可以減肥

他們在感覺餓的時候，就靠吸菸來麻痺自己的神經，從而減少進食，讓自己體重減輕，追求一種頹廢的美 —— 減肥帶來的清瘦冷冽的外形，被菸草迷幻的空洞的眼神。香菸的確可以短暫地麻痺神經，讓人減輕對食物的慾望；但是從長遠來看，吸菸並不能幫助減肥。

菸草過於方便易得

在我們國家，隨處都可以買到香菸，雖然有法律規定，禁止向未成年人銷售香菸，但是在具體執行的過程中，還是會有商家不遵守規定，仍然向未成年人銷售香菸。香菸價格並不昂貴，100 多元就可以買到，這對一個月有幾百元甚至近千元零用錢的孩子來說，完全消費得起。

自 1996 年青少年吸菸人數達到最高點之後，進入 21 世紀來，美國青少年中吸菸的人數在持續減少。對於這個現象有眾多的解釋，譬如：香菸價格的提高、青少年接觸香菸廣告較少、更多的反對吸菸的宣傳。越來越多的青少年表示他們知道吸菸有害身體健康，他們不但反對自己吸菸，也不喜歡自己周圍的人吸菸，更不願意與吸菸的人約會。

【家長該怎麼做】

據調查，有 55%～ 65%的青少年試圖戒菸，除了國家層面應該加大力度來防止青少年吸菸外，作為家長，我們該做些什麼呢？

◇ 如果不想孩子出現吸菸行為，父母應該首先做到不吸菸，或者至少做到不要在孩子面前吸菸。

◇ 孩子往往對吸菸的危害認知不足，父母可以引導孩子深刻地意識到吸菸的長久危害。

◇ 父母將孩子的注意力從室內轉向室外，讓孩子多參加課餘活動，特別是體育活動，有助於幫助孩子抑制吸菸的衝動。

◇ 跟孩子聊聊，了解他吸菸的真正原因。如果是孩子壓力過大，要了解壓力的來源，並幫助孩子學會健康減壓的方式，譬如：運動、讀書、冥想、交友，而不是悶頭吸菸。

◇ 父母應該幫助孩子尋找一個新的愛好，來替代吸菸活動，哪怕是一起陪伴孩子飯後在小區裡散步。

◇ 打罵孩子只會讓孩子越走越遠。

◇ 幫助孩子樹立正確的價值觀、價值取向，讓他們逐漸意識到一個人的能力和魅力與吸菸無關。

◇ 鼓勵孩子自尊、自愛、自信，自信的孩子更有自主思考能力，更清楚自己應該做什麼、不該做什麼，而不會隨波逐流、跟風。

戒掉尼古丁很難，好在大多數青少年吸菸還尚未到形成菸癮的階段，但是我們也要清楚，在戒菸的前幾天會感覺到煩躁、沮喪、疲倦，3 個月一般是一個很大的障礙，很多人會在 3 個月的時候又把菸撿起來。

如果孩子決定戒菸了，要耐心地陪伴，與孩子一起度過這段艱難的時光。

第 6 節　賭博離孩子並不遙遠

賭博離我們的孩子很遠嗎？實際上並非如此。

◆ 什麼是賭

賭是一種基於投機心理的娛樂方式，對不確定的結果下注，獲得利益。賭場裡的老虎機、俄羅斯輪盤、擲骰子是賭，可能離我們孩子很遠，因為未滿 18 歲的孩子是不允許進入賭場的。那麼樂透、刮刮樂、體育博彩、打麻將、打撲克牌是不是賭呢？遊藝中心裡，推幣機、娃娃機、釣魚機，孩子在電腦上鬥地主、象棋，或者任何一個透過比賽可以贏取一些道具、虛擬幣、積分的遊戲，算不算是一種賭？我認為這些都是賭的行為，都帶有賭的性質。

◆ 什麼是賭的性質

即便是被包裝得很好的遊戲，他們有亮麗的色彩、酷炫的外形、可愛的設計。設計者把獎品換成了獎券、積分；把擲骰子的隨機過程換成了漁網、抓臂等按鈕；把 3 個一樣點數的骰子換成了卡通魚、毛絨玩具……但是他們仍然逃避不了賭的根本屬性：投機心態 —— 以小博大、靠「利」吸引玩家、上手容易退出艱難。

◆ 青少年賭博是當今增加最快的成癮行為

「與 1930 年代的酗酒和吸毒一樣，青少年賭博是增加最快的成癮症。」有專家說。根據統計，在每 800 萬個強迫性賭徒中約有八分之一（也就是 100 萬個）是青少年，而幾十年前，這個數字幾乎是零。研究顯示，有 4%～ 7%的青少年患有賭博成癮，同時包括鉅額債務、憂鬱症、親密關係的破裂，或者參與有組織的賭博犯罪。

【孩子沉迷賭博行為的心理解讀】

過於容易得到的賭博遊戲

電視、網際網路、遊樂場所讓孩子們開始賭博，或者說讓孩子們更容易開始賭博。青少年毋須出示任何證明，都可以在家裡坐在電腦前賭博。他們還可以透過觀看體育賽事進行賭博。在臺灣，那些帶有賭博性質的遊戲機，自由地擺放在百貨公司、電影院的等候區、遊樂場所裡，孩子們在父母的幫助下開始了人生的第一場賭局。

賭博是一種短效藥

賭博是一種高刺激性的活動，它啟用的神經和使用古柯鹼的效果一致。它讓大腦還沒發育成熟的青少年感覺既興奮又刺激。它讓青少年快速地可以釋放掉壓力、快速地帶來樂趣，大多數賭博項目又不需要太多的技能，甚至不需要動腦。最重要的是，它還可以讓孩子有一種快速致富的錯覺。

賭博是一個社交活動

網際網路的賭博模式，讓很多小朋友可以邊線上賭博，邊與朋友聊天，或者他們可以相約一起玩賭博遊戲，既滿足了他們的社交需求，又滿足了青少年期的同輩競爭需求。而且非常方便，他們可以用電腦、手機、平板，在家裡隨時隨地地開始活動。對 85%的賭博的青少年來說，這是一種社交活動。

賭博的行為讓他自我感覺良好

賭博是成人的行為，青少年渴望成人，他們會錯誤地認為賭博讓他們更成熟。就像抽菸行為一樣，賭博讓他們有一種與眾不同的感覺。特別是這種獎勵機制 —— 賺錢，讓他們覺得自己很酷，更錯誤地以為這是自力更生的開始。

與個性有關

情緒化、易興奮、易衝動而又尋求刺激的個性，會喜歡賭博這項活動。賭博這種帶有刺激性的小機率活動，賭注與營利的差額越大，就越富有刺激性和冒險性，就越可以滿足這類孩子的心理需求。

逃避現實

賭博獨自構成一個世界，這個世界裡有朋友 —— 賭友，有金錢 —— 可以互動、可以賺錢、可以滿足自己的心理需求，所以這是一個很適合逃避現實的活動。現實中解決不了的問題和壓力，不想面對的人和事，都可以放下，躲在博彩世界裡賺自己的金幣，麻醉自己。

【家長該怎麼做】

告訴孩子賭博的運作方式

賭博是博彩公司營運的一種方式，他們依靠賭博活動賺錢，所以十賭九輸，長期獲勝的可能性極小。買樂透中獎的機率更小（一千五百萬分之一的機率），甚至比被雷擊中的機率還小（三十萬分之一的機率）。

避免孩子因為無聊而沉迷於賭博

豐富孩子的休閒活動，是排解無聊、發洩精力最好的手段。

家庭對於賭博的態度要明確

家長對於賭博的態度會直接影響孩子。如果家長定期賭博，或者經常買刮刮樂、體彩，或者是線上鬥地主等，都會給孩子一個錯覺，認為賭博是一種正常的行為，並且總是在替孩子製造一種環境，讓他們想模仿父母做的事情。而且家長定期賭博，會不斷地向孩子傳遞資訊 —— 賭博是一種娛樂、賺錢的方式。

防範隱形賭博遊戲

因為賭博的成癮性，所以很多商家在設計遊戲的時候，就會把賭博的因子注入遊戲中，讓孩子樂在其中，不斷沉迷。而這種遊戲大多隱藏得非常好，家長們很難識破。

最讓人擔憂的是，還有一些更隱藏的「賭」，存在我們的教育觀裡，譬如：把人生比喻成一場賭博、「贏」在起跑線、成功人士要勇於「賭」一次，很容易讓青少年錯誤理解「賭」的行為，錯誤地追求「贏」的結果，形成錯誤的人生觀。

人生是由一場場的賭博連線而成的，譬如求學、求職、結婚等，在我們做決策（下注）的時候，永遠無法預知未來，每一個決策都承擔（冒著）極大的風險。或許在某個層面上，人生的未知性和賭博結果的隨機性具有一定的類似性，但是人生和賭博在本質上是完全不同的，「賭」的心態並不適合人生。

人生的確是由無數個未知的決策構成，每一個決策都有它的兩面性，可以是正確的，也可以是不正確的。決策的正確與否完全取決於自己看問題的心態和決策以後的行動力，沒有絕對的對也沒有絕對的錯。而賭不是，一場賭局，要麼是輸，虧掉資本，要麼是贏，獲得利益，沒有中間模稜兩可的地帶。

人生的主動權掌握在自己的手中。如果我們在人生的每一步、每一次決策後，都踏踏實實地朝著目標努力走下去，那麼最終結果「不是得到就是學到」—— 要麼「得到」我們想要的目標，要麼是在失去中「學到」經驗。而賭博不是，賭的命運永遠是被操縱在別人手裡，賭徒是被運氣牽著鼻子走的人，而是不自由的，因為他永遠被欲望所束縛。

「贏」的教育。何為「贏」，何為「人生贏家」？要不要讓孩子被「贏」的概念束縛？在我們小時候，千軍萬馬過獨木橋的年代，上大學就是「人生贏家」。待我們考大學時，已經滿大街的大學生，大學生越來越多，大學畢業找工作都困難，更別提「贏家」二字，「贏」的概念早已經變化了，那我們就「輸」了嗎？十年以後，大學同學再聚首，有些同學自主創業，有些同學留校讀博，有些同學國外安家，有些同學在企業踏踏實實工作，哪個人「輸」了？哪個人又「贏」了？「贏」永遠對照著「輸」，有「贏」就要有「輸」，可是人生哪有那麼非黑即白的簡單結論，這是一種極端主義的思維模式，容易讓孩子認為人生只有那麼幾個選項，限制了孩子的發展。

成功的人要勇於「賭」一次，這種宣傳更為常見。「人生是一場豪賭」、「用生命去賭，一定最精采；賭徒膽大，勇於下注，想贏又敢輸，這是創業精神」……這種描繪似乎使人認為每一個成功的企業家、成功的人士，都要有這個「驚險一跳」的舉動，要有「賭徒」的心態，這些片面的宣傳很容易誤導孩子。

我們無從知曉成功的人到底是怎麼成功的，我也不認為成功是可以複製的。我只是知道，根據人的心理，越是強調的，就越是缺乏的。看起來的勇敢自信，內心裡卻藏著一樣的恐慌和猶豫不決。媒體給到的永遠是被包裝過的光鮮的一面，我們獲得的內容，永遠是成功的那一個。我更願意相信一些數據，在美國的一項研究中，在追蹤了美國範圍內有代表性的 5,000 多個企業家後得出：那些繼續從事本職工作的企業家，創業的失敗機率要比辭職創業失敗的機率低 33%。因為從事本職工作在創業初期可以幫助企業家分擔風險，減少後顧之憂。

第 7 節　酗酒：被忽視的危害

酒是人類最古老的食物之一，它的歷史幾乎與人類文化史一同開始。在三千多年前，從商周時代開始，酒伴隨著中華古老的文明一同發酵至今。從文學、藝術作品、飲食養生，到娛樂慶典，在華人的生活裡，酒一直占據著重要的地位，廣泛融入我們的生活。

我們沒有辦法把酒和孩子的成長徹底割裂。在北美，酒只在指定的區域售賣，買酒需要出示身分證，酒仍然是美國青少年使用最廣泛的物質，酒在青少年中十分普遍，有 71% 的學生嘗試過酒精飲料，有 54% 的學生報告說，他們離開高中時至少喝一次酒，16% 的青少年報告他們至少有一次醉酒，酗酒仍然是青少年的主要成癮症之一。

【孩子喝酒行為的心理解讀】

酒是一種鎮靜劑，它可以幫助大腦放鬆下來，麻痺神經。它會給人帶來快樂。飲酒之後，青少年會變得更加健談，甚至更加有自信。飲用過多的酒精時，會讓人頭腦發昏、反應力變得遲鈍、行動力不受控制、判斷力會下降。雖然有的孩子表示他們最初喝酒的體驗並不愉快，並不喜歡酒的味道，但是他們仍然會被酒精吸引。

酒精的危害

酒精對青少年的身體是有危害的。青少年越早飲酒，在成年之後越容易面臨酗酒問題。青少年大腦發育尚未完善，飲酒後，不僅神經反射速度變慢，也會對腦細胞有不可逆轉的損害。研究顯示，雖然青少年個體對酒精的代謝能力、分解能力各不相同，但是酒精對中樞神經系統和大腦發育的不利影響是一致的，會造成學習效率降低、學業成績下降。

青少年飲酒的原因

青少年飲酒，並不是單一因素導致的，從個人、家庭到社會及文化，都對青少年飲酒有所影響。

對青少年個體來說，酒是一個一直存在於生活中的、無法忽略的事物

青少年情緒變化強烈、行為衝動、追求不一樣的感覺。他們對酒充滿了好奇，雖然被告知酒的危害，但這更讓他們充滿了冒險感，想要嘗試一下。特別是，他們大腦中自我控制、評估風險的部分直到十六七歲才會發育充分，所以，他們並不能充分評估酒對他們的危害，更難抑制自己的衝動。

他們並不是嘗試一口而是嘗試一次宿醉。在美國，學生有「drinking to blackout」文化，即學生有意喝酒喝到斷片，忘記一切。有學者曾對這種文化進行描述，並發表在紐約時報上：學生缺乏其他的活動，用價格低廉且容易購買的酒精來解放自己的壓力。

同儕對於青少年的影響是雙邊的

同儕經常飲酒、酗酒會對青少年飲酒有影響，而同儕好友勸說又可以幫助孩子不再繼續飲酒。有研究發現，來自同儕的壓力與青少年飲酒有著極其密切的關聯，同時研究還顯示，參加學校活動和校外活動與青少年較少飲酒有直接連繫。

青少年自認為飲酒對其社交和人際關係有幫助

特別是當青少年進入一個新的環境之後，譬如升入中學、大學，在酒精的刺激下，可以讓他們更容易建立互動和交流，讓他們可以暫時放下學業壓力和內心戒備，讓他們更健談、更容易建立可以交流的話題，感覺更親密。

飲酒讓青少年感覺更成熟

青少年渴望被像成人一樣對待，他們不斷地想去證明自己不再是小孩子。我們反覆在強調喝酒是大人的事，那麼喝酒對孩子來說就是證明自己長大的一個途徑。

家庭是影響孩子與酒的關係的因素之一

父母或者兄弟姐妹的飲酒習慣對孩子有直接的影響，父母或者年長的兄弟姐妹有習慣性飲酒的家庭，孩子飲酒的比例較高。當父母在家中舉杯慶祝的時候，就是在給孩子樹立「榜樣」的時候，父母用行動在告訴孩子，酒是家庭生活的一部分。孩子雖然不一定會聽父母的話，但是他們會模仿父母的行為。同時我們還發現，酗酒的青少年通常家庭不幸福，沒有與父母建立安全型依戀關係，父母的管教方式不當又或者對子女關心不足、監督不夠，或者父母沒有明確的強調飲酒的危害而默許孩子飲酒。

【家長該怎麼做】

那我們能做些什麼來幫助我們的孩子正確地對待酒呢？

建立正確的「飲酒觀」

酒不是不可以喝，只是不適合青少年喝、不能過量地喝。我們要清楚，孩子遲早有一天會喝酒，我們不可能禁止孩子喝酒，這不但沒用還會產生反效果。我們需要讓孩子知道，酒是什麼，酒的好處和危害性、何時可以喝酒以及怎麼喝酒，幫助孩子建立正確的飲酒態度和價值觀。

家長的榜樣行為

在家中，家長應該為孩子做出榜樣。如果孩子尚未成年，就不要在孩子面前飲酒，不要讓孩子覺得酒是生活的一部分。如果家中存放酒，也不要放在過於明顯的位置，避免吸引孩子的注意力。不要提供酒給未成年的孩子，哪怕只是嘗試。這是在用行動告知孩子自己的底線。

告知孩子酒的危害

家長需要跟孩子談話，像對待成人一樣，向他們介紹酒、介紹酒文化，讓孩子了解酒的好和過度飲酒的不好。孩子往往低估酒的風險，讓孩子知道酒精對他們的行動力、判斷力的危害。

明確底線

告訴孩子你對他的飲酒的期望，也告訴孩子自己的底線，並且嚴格遵循標準來要求孩子。詳細地講解如果喝酒了、喝醉了會產生怎樣的後果，應該採取怎樣的措施來防止發生危險。特別是在孩子即將上大學的時候，這些酒的安全須知需要及早讓孩子了解。譬如：不要與陌生人一起飲酒、不要暴飲、開車不可以飲酒、空腹不要飲酒、喝熱水有助於酒精代謝、不要被迫飲酒、如果感覺不舒服一定要停止，讓孩子知道如何保護自己，如何控制飲酒，如何拒絕。

讓孩子感覺幸福

根據積極心理學的研究顯示，青少年幸福指數增高，飲酒行為會減少。如何讓孩子感覺幸福？家庭的溫暖、父母的關心、充分的社交活動、興趣愛好得到發展、人際關係和諧、個人目標明確、抗挫折能力變強、積極的心態、樂觀的態度都對孩子提升幸福感有所幫助。

如果有可能，積極地參與孩子的生活，了解孩子的喜好，知道孩子在哪裡，會跟誰在一起。多認識孩子的朋友，與孩子們打成一片，盡可能讓他們遠離那些喜歡喝酒的同伴。

第六章
性愛篇 ——
成人世界的初體驗

第 1 節　接吻：
總比預想中要來得快些

閨蜜 5 歲的女兒小萱從幼稚園回家之後告訴媽媽她已經結婚了，驚訝一定多過驚喜，那個男孩是誰？這是什麼情況？

詳細地聽完之後，我們知道，男孩是小萱在班上最好的朋友。他摘了今年的第一朵迎春花給小萱，還親吻了小萱的手。

上次幾個媽媽聚會，又一個閨蜜非常不好意思地說，她發現她女兒小貝有不同的男朋友。因為她去幼稚園接孩子的時候，幾次發現她跟不同的男孩子親吻。

孩子的成長往往比我們預期的要快一些。當我們看到她蹦蹦跳跳地走進幼稚園和她的好朋友們擁抱的時候，我們早就該有準備，親吻遲早會來的。

在孩子小的時候，我們用行動教會他什麼是擁抱、什麼是親吻，我們經常擁抱他，鼓勵他親親媽媽，親親他喜歡的小熊，甚至在他第一次用小嘴貼在媽媽的臉頰時激動地流下眼淚，可是到了孩子 5 歲的時候，突然開始擔心孩子這些親暱的舉動，這是為什麼呢？

【孩子與異性接吻行為的心理解讀】

幼兒期的接吻

3 個月大的嬰兒，當母親對他微笑的時候，他就會用咧嘴笑來回應媽媽。在孩子 6 個月左右的時候，他就會向喜歡的人示好。比如：當他看到喜歡的人的時候，他會先發出聲音，來吸引對方的注意，然後他會主動地湊上前，伸出手，向對方示意抱抱；又或者湊到他旁邊，緊貼著對方，在對方的身旁蹭蹭，直到對方將他抱起來。這是一個嬰兒自然的情緒表達，毫無掩飾。對一個四五歲的孩子（特別是學前）來說，親吻他喜歡的人，是一個正常的情感表達，這些都是孩子在逐漸地練習、逐漸地學會感情表達的過程。

孩子在親吻彼此的時候，並沒有我們頭腦中的愛情的概念。他們充滿好奇心和具有模仿能力。當他看見過父母彼此表達愛意，彼此接吻，他或許就已經把接吻當作是找到喜歡的男（女）朋友應該做的事情，然後他就預設他們結婚了。

他們除了會看到父母之間的親吻，在電視上、電影裡一樣會看到類似的親暱的動作。這些都在告訴孩子，這是一個可以接受的行為，這是表達喜歡和愛的一種方式。

青春期的接吻

到了青春期，孩子們對異性的認知又會到了一個新的階段。他們不僅身體上發育，心理上也發生了變化。他們開始關注異性，開始期待獲得異性的關注，他們真正意義上與異性的初吻可能也會發生在這個時期。

每個國家因為文化的不同，孩子的初吻年齡也有很大差距，據統計，在美國，孩子的初吻發生的平均年齡在 15 歲；日本一般在 16 ～ 19 歲；臺灣是 17 ～ 18 歲。

我很喜歡英語裡對戀愛的描述。他們把這種關係稱為「relationships」、「romantic relationships」。他被描繪成一種青年人之間的浪漫的關係，這種浪漫甚至是不切實際的，或者完全是停留在頭腦中的並沒有付之於行動的，或者僅僅是一種社交關係，而並不是真正意義上的愛情或者是戀愛。這個詞更能夠表達青春期孩子對於異性情感的多樣性和不定性。

青春期無疑是變化最強烈的一段時期。9 ～ 11 歲，孩子開始對除了家人外的朋友們更感興趣了。他們願意獨自跟他們喜歡的朋友在一起玩。10 ～ 14 歲，孩子們會形成混合性別的小幫派、小團體，這幫助他們有更多的機會在非正式的環境中彼此了解，最終形成親密的友誼關係和戀愛關係，這時小團體形式也就開始解體。15 ～ 19 歲，戀愛成為社交生活的中心。孩子們在這段時間裡，不斷地透過另一個人來了解自己，他們或許會花費大量的時間來思考或者學習如何和異性相處，如何在這段關係中懂得異性、學會尊重和妥協，甚至是責任。這段關係可能是很短暫的幾週、幾個月，或者是幾年，甚至有些孩子把這段關係延續成了婚姻。

青春期的孩子對這種戀愛關係是充滿了幻想和理想化的。他們會把另一半想像得極為完美，會認為對方是最特別的那個。根據研究，他們並不是像我們想像的在追求一種依戀或者滿足自己對性的需求，他們更看重這段關係給自己提供了一次探索自己的機會，學會如何戀愛。直到他們掌握了一些與戀愛對象交往的基本能力之後，他們才會開始考慮性的需求。

一項對 14 ～ 19 歲青少年的研究發現，那些沒談過戀愛的青少年比那些戀愛或者約會中的青少年表現出更多的社交焦慮。同時，研究者也發現，更多的青少年願意等到自己長大才與別人發生性關係，但是他們會嘗試一些性行為，譬如接吻或者更親密的性嘗試行為。所以，青春期的戀愛並不可怕，可怕的是我們沒有讓他們知道該如何保護自己。

【家長該怎麼做】

對於幼年寶寶出現這樣的行為，媽媽們不要過於緊張，說明孩子的情感在逐漸豐富，也說明孩子的情緒表達能力非常健康。這不僅是一個好的現象，還是一個好的機會。3 歲左右的孩子已經獲得了基本的性別認同，開始尋求有關性別差異的知識。特別是在孩子們開始用喜歡、結婚、男女朋友這樣的詞來形容自己的一些關係的時候，這是對孩子進行性別認知和性教育的好時機。

(1) 媽媽們可以對孩子的親吻行為進行適當的引導。我們可以跟孩子說，親吻是家人之間對喜歡和愛的表達，孩子和父母之間、父母之間、家裡幾個孩子之間的一種情感表達。特別是，當孩子開始上幼稚園，或者上小學，就會有類似的行為要求，這個時候，父母要表達自己對這個要求的認同，這也是在告訴孩子自己的態度。

(2) 對於為什麼要對親吻的行為進行限制，我們也需要給孩子一個解釋。譬如：不是所有的孩子都會喜歡親吻這個行為，或許牽手更容易讓對方接受。但是無論哪種行為，我們都需要先獲得對方的許可。

(3) 每個國家對接吻這個行為的解釋都不太相同。這也是一個好的機會，向孩子介紹不同國家的接吻行為所代表的不同含義。

(4) 隨著孩子長大，他們對接吻這件事有完全不同的態度。在孩子讀國小後，他們會有一段時間極為反感接吻這個行為，比如：他們看到電視上有接吻鏡頭的時候，會覺得噁心，甚至不想讓父母當著別人的面親自己。這就是他們逐漸開始了性別意識敏感期，他們進一步內化自己的性別意識，出現排斥異性，對異性產生刻板印象。譬如：小男孩會覺得小女孩愛哭、愛找麻煩，不會跟小女孩說話，遠離女孩，覺得跟女孩玩是丟臉的事情。直到他們的青春期到來，家長們又要開始擔心了。

(5) 如果我們的孩子開始了一段浪漫的關係，這也是一個好的時機。如果我們保持開放的態度，孩子會更願意跟我們分享他在這段關係中的收穫，同時我們也更容易告訴孩子，如何做好對自己的保護，如何保護他浪漫關係的另一半。

(6) 對待他這段不同尋常的關係，就好像對待他的友情一樣，保持開放、包容和尊重的態度，因為這段關係並沒有錯，這也是孩子在學習如何對待異性和親密關係，是孩子成長的一部分，也是他的必修課程。

(7) 幫助孩子規劃他的時間。和孩子一同討論如何合理地分配時間：功課、親密關係、體育鍛鍊，給他提出要求並告知自己的規則和違反規則的後果。

(8) 如果孩子在這段關係中感覺到緊張和壓迫，那麼這不是一段健康的有益的關係，或者他並沒有準備好，或許他不知道該如何結束。那麼我們可以透過分享自己的經歷，來幫助孩子從這段關係中走出來。孩子可能需要一段時間和空間，來消化自己的這段關係。我們適時地幫助孩子學習如何看待這段結束的關係，傾聽孩子的需求，給孩子一個肩膀。

第 2 節　自慰：滿足性需求的正常方式

「我想知道可不可以自慰，我經常自己解決，這很方便，而且讓我感覺非常好。我上網查，很多人認為這是錯的、不乾淨的。我非常想知道這個行為是正常的還是不正常的。」

這是一個年輕網友的留言。

自慰又稱手淫、自淫。是指自行刺激性器官而獲得性快感或者達到性高潮的行為。

有一些對自慰持否定態度的觀點，認為自慰會影響身體健康，譬如：自慰會阻礙性器官的發育；自慰會影響生育能力；自慰會影響視力；自慰會得性病……

在美國，1968 年之前，自慰被認為是一種心理問題。而中醫學裡有房勞腎虛的說法，意思是精液是人體的精華，房事過多，會導致人精神焦慮。

但是，從現代醫學觀點認為，自慰是一種性健康及心理上的正常習慣。自慰者透過自慰來滿足自己對性的需求，是完全正常的。自慰可以釋放來自性的壓力，同時也讓人從精神上得到釋放。

英國的一項調查顯示，16～44歲的人群中，有95%的男性和71%的女性存在自慰行為。某種意義上，自慰具有普遍性。

【孩子產生自慰行為的心理解讀】

性驅力的影響

在心理學界，佛洛伊德對自慰有自己的觀點。他認為嬰幼兒身上也存在性慾，或者稱為性驅力（力比多），是使人生長、走向成熟的與生俱來的原動力。嬰兒的性衝動對象是自己，他們可以在自己身上獲得滿足。譬如：他們身體上不同的地方，需要透過吸吮或者摩擦等方式獲得滿足。所以我們有的時候會發現，嬰兒會出現撫摸自己的性器官的行為。雖然他們對待性器官與對待腳趾頭沒什麼分別，但是這可以使他們平靜。

佛洛伊德根據他的性心理發展學說，將幼兒的自慰分為三個階段：

◆ 第一階段：嬰兒的哺乳期

嬰兒透過吮吸來滿足自己的口慾。

◆ 第二階段：幼兒4歲左右

這個階段幼兒的性衝動重新被點燃，力比多的關注點在性器官上，幼兒出現各種形式的刺激性器官行為，與成人自慰不同的是，他們並無性意識和性交意願及性生理反應。如果精神力量等阻力沒有出現，這種性衝動會伴隨自慰行為，一直持續下去。

◆ 第三階段：青春期自慰

男性的夢遺和女性月經初潮。由於身體的激素分泌系統快速發展，青少年的性器官開始成熟，他們開始對異性感興趣，他們開始有性的幻想，自慰行為也越來越多，這也是真正意義上的自慰。

佛洛伊德認為自慰是心理發展模式的必經階段，是一個人必須經歷，並且要以正確、有序的方法實現超越的一個階段。

自慰是一種探索

兒童在一定年齡的時候出現自慰的行為，是對自己身體的一種探索，也是逐漸對自己身體熟悉的過程。「自慰是一種精神上的安慰。自慰產生的激素和神經傳遞物的釋放可以減輕壓力，讓人感覺放鬆，幫助提高睡眠品質，並且改善情緒，舒緩緊張。」一位心理治療師如此說。

兒童從幼年起一直對性有好奇感。在青春期的時候會到達一個小的高峰。青春期的到來，讓他們對異性充滿了朦朧的幻想和渴望，他們對性這個未知的事物產生了無限的遐想，自慰剛好可以滿足他們的需求。自慰在青春期作為性生活的一種替代品，讓青少年們可以不必打擾任何人，在自己認為安全的情況下，滿足自己的慾望。

自慰本身並沒有害處

自慰本身並沒有害處，但是不當的自慰就會對人產生傷害，這也是家長需要留心的事情。譬如：自慰過程中不注意衛生，很有可能會給生殖器帶來感染和損傷。

還有一種觀點認為，自慰本身沒有害處，但是由於社會環境的影響和自慰者的心理作用，反而會給人帶來傷害。自慰者在自慰過程中的不安與羞愧的情緒，會與自慰帶來的快感不斷地產生衝突和矛盾，會讓自慰者長期處於這種矛盾中而出現病態的行為舉止。

自慰更容易發生

雖然自慰對於人精力的損耗和正常的性交無法進行橫向比較，但是自慰相對於性交來說，更容易發生，也更容易讓人發生縱慾過度的情況。特別是青少年，他們的好奇心和旺盛的荷爾蒙交疊在一起，但是他們的控制能力可能又很差，很容易沉溺於自慰，過度的自慰會讓身體出現問題，比如：神經衰弱，男孩可能會出現陽萎、早洩，女孩可能會對生殖器官造成傷害，或者日後正常性交難以達到性滿足等危險。如果自慰上癮，那麼這種成癮行為，很可能會成為未來親密關係中的絆腳石。

【家長該怎麼做】

避免強化

對於幼齡孩子撫摸生殖器的行為，家長不用太擔心，這與孩子吮吸手指一樣，是一個階段性的活動，隨著孩子年齡的增長，他們的興趣會逐漸轉移。所以我們可以做的，就是不要對這個行為進行強化。不要指責與批評孩子，不要讓孩子覺得自己的行為羞愧難當，這樣反而會讓孩子對自己的性器官和未來的性行為產生偏見，而且會強化撫摸生殖器的行為。同時我們應該告訴孩子，自己的生殖器不應該隨便給別人看，這既是對自己的保護，也是對其他人的尊重。

指引性引導

對於青春期的孩子，無論我們是否發現孩子有自慰的行為，在孩子進入青春期之後，我們都應該有這樣的心理準備，孩子已經逐漸長大，與其等待孩子自己摸索，身為父母不如給孩子一些指引和資訊。

示意自慰是可接納的行為

如果發現孩子可能存在自慰的行為，千萬不要給孩子灌輸性「惡」論的觀念，這會讓孩子走入另一個失誤，覺得性和性交是罪惡的，是不對的。這個時候，如果可以，不如由同性家長出面，給孩子一些暗示，示意他這是一個正常的可以被接納的私人活動，並不適合在公共場合發生，可以獨自在房間裡完成。

青少年的精力異常旺盛，而他們的內心世界又被荷爾蒙刺激得異常豐富。他們有太多太多的情感，需要傾訴、排解，而有些家庭又是一個孩子，孩子很難能找到同伴去訴說自己內心的情愫。這些感情就不斷地積壓，讓孩子越發躁動不安。

體恤孩子

家長在這個時期，應該更加體恤孩子的情緒，更加關愛孩子的內心，讓孩子能夠感覺到父母對自己的關愛和家庭的溫暖。如果可以，適當地帶孩子多出去走走，多參加戶外活動，白天多安排一些體育活動來消耗他們的精力，或者幫助孩子培養自己的興趣愛好，例如：讀書、聽音樂等，都可以適當分散孩子對性的注意力。

避免給孩子穿過於緊身的衣褲

尤其不要給孩子穿過緊的內褲，給孩子穿棉質、寬鬆的內褲，有助於減少性器官的區域性刺激。家長也要盡量減少跟異性子女的親密接觸，這些接觸都會刺激到躁動期的孩子，讓他們想入非非。

另外，讓孩子養成良好的作息習慣。孩子的自慰行為基本都發生在床上，養成早睡早起、按時睡覺的習慣，有助於控制孩子自慰行為的次數，防止他們沉溺於自慰，影響身體健康。

第 3 節　色情：缺失性教育的副產品

在華人社會，關於性的話題一直是保守的。我們一直避諱在孩子面前探討性的話題。

「媽媽我是從哪來的？」「垃圾桶裡撿的。」

這是最常見的一種「性」話題的迴避。

相對於學校、家長們的保守，網路媒體更容易滿足孩子們對性的需求。在美國，性幾乎隨處可見，電影、電視節目、網站甚至廣告都在利用性來吸引著人們的關注，20 歲以下的青少年，有 40%上過 40 萬成人網站中的 1 個或者更多。在加拿大，越來越多的青少年上網尋找色情讀物、照片和色情影片。

【孩子喜歡「色情」文化行為的心理解讀】

人之初性本「色」，性是一個貫穿生命的話題

精神分析認為，性本能是人類一切心理活動的內在動力，性慾及其能量生來就存在於嬰兒體內。雖然，「性本能」

學說從出現以來一直飽受爭議，但隨著人們對性的認知，已經逐漸被學者們接受和支持。

被公認的內容是，「性」在青少年時期，逐漸走向了生活的主題。到了青春期，青少年的性意識逐漸覺醒。青春期的心理主題與性無法分割：孩子們開始關注自己變化的身體；開始好奇自己是否有吸引力，特別是性吸引力；他們開始有意去接近自己感興趣的異性，甚至開始產生性幻想。他們從無性的童年，走向完全性成熟的成年，性對他們來說充滿了神祕。

性總會到來

我們無法阻止青少年對性的衝動和好奇，就如跟我們無法阻止青少年的青春期到來一般。而且我們還需要面對的是，隨著當代年輕人性成熟得越來越早，連帶著青少年的約會、性行為都可能會隨之提前。

對他們如此有魅力、如此吸引他們的「性」，在我們這，卻一直保持緘默。學校、家庭都沒有給予他們想要的資訊時，他們開始了「自食其力」。

對女孩來說，她們在翻閱雜誌、字典、科普書籍後，她們會認為這樣的內容既保守又缺乏愉悅性，她們更傾向於尋找有情色描繪、故事情節的小說，這更能滿足她們對性和愛的同步需求。她們被小說中浪漫的愛所吸引，書中對性的描繪也適合女孩們「浪漫」的頭腦，讓她們可以浮想聯翩，滿足頭腦的性需求。

男性對性的關注遠超於女性。書籍和科普已經沒有辦法滿足男孩的需求。對男孩來說，這些內容太乏味而且脫離實際。他們需要的是如何「做」、怎麼「做」。色情電影、圖片可以滿足男孩們對視覺、感官的刺激，同時，他們對真實的性交場面格外感興趣，因為這可以幫助他們學習在「性」中如何占據主動權，教會他們如何「做」、怎麼「做」。

而這一切，在網路出現之後，變得更加便利和簡單了。從網路上獲取色情作品就像在 Google 上搜尋「番茄炒蛋怎麼做」一樣簡單。

在韓國會有類似「成年禮」的行為，即男孩子到了 18 歲，會在年紀稍長的男性同伴帶領下去觀看色情片，甚至帶到色情場所接受「震撼教育」，這種情形在高中或者大學很常見。男孩們多數是瞞著家裡的媽媽、姐妹或者女友進行的。

我想我們現在的行為有時就像一隻鴕鳥一樣，或者說是掩耳盜鈴。我們不講，不代表孩子不知道，我們不去面對，不代表孩子不會自己面對。當有些網站在討論情色電影的時候，我們還真的能繼續做鴕鳥，以為孩子真的就一心只讀聖賢書嗎？

【家長該怎麼做】

我們該怎麼做？該不該限制孩子看「色情」網站？不僅是「色情」網站，電影、音樂、漫畫、雜誌，這麼多形形色色充滿了成人內容的素材，我們該如何做才能既保護我們的孩子，又不過分地限制孩子？

社會學習理論認為，人類的大部分行為是透過觀察學習而獲得的。創始人班度拉的波波玩偶實驗進一步向我們展示了人類的攻擊、暴力行為的學習過程和兒童模仿的能力。「性」本身是無罪的，孩子渴望了解「性」的慾望也是可以理解的。然而「性」被商家、不良分子利用了之後，加工而成了「色情」內容，而這些「色情」內容中不乏性暴力、性虐待、性侵害等不良內容，這無疑會對模仿能力超強、分辨是非能力較差、缺少社會經驗的青少年帶來不良的影響，我們不能放任孩子在色情內容中肆意暢遊。

任何我們所看到的「不良」行為實際都是「果」，我們需要去尋找形成行為的「因」。

孩子獲取的色情內容，無論是書籍還是影片、圖片等視覺影像，都是一種虛幻的內容。如果孩子沉迷於此，說明這種虛幻的內容除了滿足了他們的好奇心，更讓他們感覺到了「舒適」，讓他們不想離開。這種「舒適」就是對現實的逃避。

現實是什麼？現實就是他們每天面對的生活 —— 學習、社交、家庭。他們可能是在「現實」中找不到存在感 —— 他們只是一味地為了學而學，缺少人生目標；他們可能是在「現實」中遭遇挫折 —— 他們渴望愛情和性，但是他們缺少勇氣或者被他們心儀的對象拒絕；他們可能是在「現實」中無能為力 —— 他們的家庭殘缺、父母無休止的爭吵，讓他們只想逃避；或者他們只是因為無聊或孤獨。

「我感到孤獨，當我孤獨的時候，我就決定去看色情片來陪我。」一位 18 歲的女孩說，「我試圖停下來，但是我又控制不了自己，我也不好意思告訴我父母。想停又停不下來，我感覺我被困住了，以至於我想結束我的生命。」

「我通常會在考試前看。我也不知道為什麼，我越是發誓要去讀書，越是感覺有太多的書還沒看，我反而會去看這個，不止兩三個小時，有的時候會看一夜。」

所以，如果孩子們沉迷於色情內容無法自拔，我們只是一味地制止，只能是治標不治本，我們需要找到孩子在現實中想要逃避的問題，才能標本兼治。

其實在孩子幼年期，我們就可以對孩子的「性」有計畫地進行引導，早一點建立探討「性」內容的開放關係，更有助於青春期時與孩子開誠布公的溝通。我們同樣可以利用網路這個雙刃劍，當孩子問我們「我是從哪來的」，我們可以與孩子一起觀看製作的非常精美的網路科普影片。

讓孩子以正確的方式接受性教育、接受正確的性教育，是我們家長無法放棄的責任，也是積極面對的生活，這是對孩子最好的保護。

在孩子成長到青春期的時候，我們要「疏」而不要「堵」，與其要孩子自己去尋找不良內容，不如我們以開放的態度，主動和孩子談論「性」話題，主動了解孩子對「性」的關注動態，幫助他們獲取優質的「性」學習內容，防止他們被不良內容誤導。

關注孩子的情緒變化，不去強化「談戀愛」、「性行為」等內容。每一次碎碎唸都是一次強化。如果我們不想孩子過早地談戀愛，過早地發生性行為，一味地跟他們強調「談戀愛」、「性行為」的壞處，只會讓他們更有「欲望」去嘗試。我們倒不如退一步，去跟他們做朋友，去跟他們分享自己初戀的那些故事，更容易讓他們從中「學」到內容。

最終也是最重要的，我們還是要回歸「信任」。我們要信任孩子自身的「免疫力」，就如我們信任人類本身的演化能力一樣，相信我們的孩子，他們已經成熟，他們有自己的辨別是非的能力、有自己的思想，他們也會像我們當年一樣，從「汙」中走出來，走向自己的「性」福生活。

第 4 節　戀物：將性滿足與物品連繫在一起

大學女生宿舍裡，夜晚一個黑影閃過。

第二天女生們發現，自己晒在陽臺的內衣不見了，不止一個女生，好幾個女生都發現了這樣的事情。

經過反覆偵查，最後，一個神態恍惚、帶著厚厚眼鏡，平時最老實最不愛說話的男孩，被抓住了。

「變態！偷這些東西！」

電影裡，特別是恐怖電影裡總會有這麼一個奇怪的「變態」，他們通常體態清瘦，話少、安靜、低調，是大家印象中的老實人、平常人。但是他們可能也是樓道裡反覆出現的黑影、勒死少女的元凶、精神崩潰的病人，警察開啟他的家門，發現家裡藏有大量女性的內衣、絲襪、鞋……

這就是文藝作品裡對「戀物癖」男孩的描繪，這種「變態」的刻板形象印在很多人的頭腦中，隨時可以喚起。

瘋狂地迷戀內衣、絲襪、鞋，或者是身體的某個部位，甚至不惜偷竊、偷拍，他們對異性本身沒有興趣，反而這些異性的物品或異性的某個器官會激起他們的興奮、獲得性滿足，這些屬於一種性心理障礙，多見於男性。在美國《精神疾病診斷與統計手冊》(第 5 版) 中，這種行為被稱為「戀物障礙」。

【孩子戀物癖行為的心理解讀】

戀物癖的成因

雖然我們沒有辦法確切知道戀物癖的成因，但是可以明確的是，戀物癖不是遺傳的疾病，它與所有的成癮症 (賭博成癮、吸菸成癮、手機成癮、遊戲成癮) 一樣，戀物癖本身與道德無關，也並不是所謂的心理「變態」，他們只是將性的滿足與物品連繫在了一起。

與前文提到的「啃咬癖」、「拔毛癖」類似，戀物癖本身並非是病態的，但是由於外在的社會環境和道德觀讓孩子感覺自己有問題。他們一面感覺自己的行為非常不堪，一面又不斷地因為這個「物」而感受到興奮。因為對這份興奮的渴求，讓他們很難控制自己的行為，甚至有的孩子會鋌而走險，去偷竊、偷窺。從戀物癖衍生出來的偷竊、偷窺行為，讓孩子更認為自己是道德敗壞的，是不好的，是對不起父母的。他們自責的同時又控制不了自己內心對性和這種性排解方式的渴求，這種自我內心不斷的衝突和矛盾，造成了心靈上的扭曲，長期內心得不到調解。不但影響了孩子的學業，還非常容易形成憂鬱，這是這種行為隱藏的危險。

戀物癖這種行為通常在青春期發作，但是很多研究者認為，它是幼兒期間形成的問題，在青春期，由於荷爾蒙的激增，性發育的同時被激發了出來。還有的研究者認為，戀物癖是在童年晚期或者青春期的時候發生，與青春期的發育特徵和孩子自慰習慣有關。

行為學學者認為，任何行為都是習得性的，那麼戀物癖也不例外。他們認為戀物癖可能是不當性行為的受害者，他們透過觀察學習到了這種行為，不斷地模仿和加強導致他們形成了這種偏好。或者是，這些孩子的行為也可能是由不良的兒童時期的經歷引起的，他們可能被剝奪了正常的社會性接觸，譬如遭受過性虐待，所以他們用社會上不被接納的方式來尋求性滿足。

戀物幻想不等同於戀物癖

10 歲男孩小鄭的媽媽，半夜起床上廁所的時候，順路看了下兒子，誰知在替兒子蓋棉被的時候發現，孩子竟然穿著她的絲襪睡覺。這嚇壞了她，跟老公商量後，把孩子狠狠地責備了一頓，誰知過了幾天在兒子的書包裡又發現了兩雙絲襪。孩子該不會是得了戀物癖吧？

2011 年的一項研究顯示，有 30%的男性稱他們曾經有過戀物幻想，24.5%的人稱他們實施過戀物相關的行為。而這些有過戀物幻想的男性中，有 45%的人承認因此感受到強烈的性興奮。2014 年的研究中，同樣顯示了有 26.3%的女性和 27.8%的男性有過戀物幻想。然而，實際情況是，只有不到 1%的人會因為自己有戀物的行為到身心科求診。

約翰霍普金斯大學有學者認為，在 16 歲之前，不要診斷任何孩子有戀物癖。孩子因為青春期的原因，他們的性慾非常強，他們對性的興趣也處於一個激增的時期。雖然早年的性行為的興趣可能會延續到成年，但是即便是這樣，對於有戀物幻想的青少年，他們性方面的興趣可能也就是一個興趣，並不意味著他會採取任何行動。

隨著時代的變化，人們對於性的行為和態度觀點也在不斷發生變化。現在較為主流觀點認為，戀物幻想是非常普遍的，並且在許多情況下是無害的。根據美國《精神疾病診斷與統計手冊》的定義，只有當某種行為引起了當事人的困擾，干擾了當事人的正常生活，讓其無法像正常人一樣生活的時候，這才可能是出現了疾病。顯然，很多人一直在幻想中，還自得其樂。

【家長該怎麼做】

對戀物癖來說，至今在國際上都沒有公認的特別有效的治癒方法。

在診斷方面，戀物癖的診斷需要至少 6 個月的時間內，發生了異常的性幻想或者性慾行為。

然而有很多人的這種幻想會自行出現、自行消失，這並不需要引起關注也不需要治療。

如果家長發現孩子出現異常行為，並已經對家庭生活產生了影響，如果可能，需要家長和孩子一同去醫院問診。因為這是需要一個孩子和家長一起面對和解決的問題。

我認為我們應該關注的是如何保護好孩子，更好地幫助孩子順利地進入青春期，健康地發展自己的性心理，防患於未然。例如：

(1) 在孩子性別認同的關鍵期 —— 3 歲左右，孩子對自己的性別已經有了基本的認知。這個時候，他們有了性意識的萌芽。所以家長要盡量避免一些不良的性刺激，譬如：男孩最好跟著爸爸一起洗澡，而不是跟媽媽一起。

(2) 媽媽也不要在男孩子面前穿得過於暴露。盡量避免過於親暱的舉動，譬如親嘴、摟抱。媽媽也要把自己的私人女性物品收好，不要隨意丟放。

(3) 如果在 3 歲前孩子是跟父母一起睡，那麼 3 歲以後，孩子應該有自己獨立的房間，獨立睡覺。

(4) 家長不要覺得孩子還小，沒有發育，就沒有性的意識，隨便地拿孩子開玩笑，挑逗孩子的性器官。

(5) 父母之間過分的親熱舉動，還是應該盡量迴避孩子。

(6) 家庭性教育的缺失，會讓孩子像迷失在森林裡的小鹿，辨別不清方向的孩子容易迷失。

(7) 家庭對待性方面的問題要持開放態度，不迴避，不刻意，不強化，孩子有問題，正面回答；不去刻意地詢問孩子與性相關的內容；不去強化孩子不經意的與性相關的行為。

(8) 不要讓孩子過早地接觸與性相關的內容，譬如：書籍、海報、遊戲等。

(9) 尊重孩子的隱私，給孩子空間，讓其自然地發展。

如果發現孩子有類似戀物的行為，父母的責備和打罵只會讓事情越來越糟，父母不如放下心來，多觀察一段時間，也給孩子一點時間，大多數孩子會順利地度過這個特殊的時期。如果孩子的行為越來越嚴重，父母也不要過於緊張，還是要以平和的心態，找到適當的機會，跟孩子多聊天，多了解孩子最近的情緒動態、情感需求，盡量讓孩子多說，父母多傾聽，不指責、不評判。

第 5 節　性行為：送給孩子的成年禮

當嬰兒的肌肉逐漸發達時，躺臥已經無法滿足他的需求，他開始不斷地練習俯臥、抬下巴、翻身、爬行、行走，作為家長，我們感到欣慰和愉快;當嬰兒的牙齒逐漸拱出時，奶水已經不能夠滿足他的需求，他開始嘗試各式各樣的固體食物，我們感到滿足和幸福;當孩子的性器官逐漸開始發育，他們開始關注自己身體的變化、開始對異性感興趣、開始嘗試性行為的時候，我們卻開始感到焦慮和擔心……

性行為是人類的正常行為之一，也是人類物種能夠繁衍至今的原因。對青少年也是如此，當他們開始第二性徵發育的時候，我們就該知道，性行為也應該隨之而來。

【孩子產生性行為的心理解讀】

性行為開始得越來越早了

美國一著名女性青少年雜誌做過一個 7 萬人的問卷調查，其中顯示青少年性行為開始的年齡平均為 15 歲。研究還發現，男性青少年比女性青少年更可能報告自己發生過性關係並且性活動積極。然而，事實是，我們很難了解到青少年真正的性行為，人們很難正面回答這些過於隱私的問題，這些調查問卷的結果只是一個參考。

不同國家和性別之間，青少年第一次性經歷的年齡可能有較大差異。即便是同一個國家，不同民族的性行為開始年齡也會有區別。在美國，非裔美國人性行為開始的年齡是最早的，大約在 15.5 歲，而亞裔美國人是最晚的，平均在 18.3 歲。

雖然我們沒有辦法獲得準確性行為開始的時間，卻清晰得知孩子們成熟得越來越早了。在 50 年前，女孩出現初潮的平均年齡為 13.5 ～ 14 歲，現在已經提前到 12 歲左右。第二性徵的到來，讓他們不得不開始考慮性的問題。

青少年的性行為是探索性的。他們一般從自身性行為開始，譬如：性幻想、自慰等等。隨著他們到了高中，他們開始從自身轉向異性。他們往往是從接吻開始，然後是愛撫，最後是發生性關係。值得高興的是，他們並不莽撞行事，無論在較為開放的北美還是在相對保守的亞洲，青春期性濫交的情況是很少見的，並且有一項英國的研究發現，因為網際網路的出現，讓青春期孩子的性行為推遲了。然而我們必須面對的現實是，隨著當下不可逆轉的青少年性早熟的影響，我們需要準備好，面對青少年晚期孩子們就開始迫不及待地性體驗的這個事實。

青春期性器官的發育、第二性徵的來臨、激素的活躍會增加青少年對性的渴望。同時，同一性是青春期的主題，性的同一性也包含其中。性的同一性包括性取向，也包括性行為、性興趣、性行為方式。孩子們需要學會控制自己不斷出現的性感覺，確定自己的性取向、發展新的親密關係，學習如何控制性行為，雖然它是一個生理上的變化，但社會、文化的因素會給予孩子引導。

同儕的影響

比起跟家長探討性，男孩們更可能選擇同儕來探討性話題。他們同樣面臨著青春期的性衝動，同儕之間更容易彼此理解，性在此時是他們最關注的話題。朋友或者兄弟姐妹對性的看法、對性的評價、是否已經發生了性行為、自己是否可以完成性行為，這些都是他們探討的內容。他們一起分享在電視、電影、網路上看到的性的內容，分享所見所聞。甚至他們會有攀比之心，會存在同儕壓力 —— 如果我是唯一的處男怎麼辦？

對女孩來說，她們更願意自己去幻想。女孩的性往往與愛情結合在一起。她們更傾向於把愛情作為性活動的主要動力。女性同儕們在一起會更關注自己的身體變化，更在意自己是否變得有魅力，即便是她們也有對性的好奇和性的慾望，但是她們在性行為中往往是被動的一方。女孩們在一起更喜歡探討的是戀愛，她們喜歡被追求和拒絕追求者來證明自己的魅力，這是她們的同儕壓力——如果沒有人追求我怎麼辦？

家庭影響

即便是東西方在性文化方面有一定差異性，但是家長對於青春期孩子的性行為態度基本是一致的。家長並不會主動地鼓勵孩子去發生性行為，家長、學校都會不斷地教導孩子們，避免過早的性行為的發生、避免懷孕、避免感染性病，但是與女孩不同的是，男孩的父母對於他們的性行為更為寬容，接受度也高一些。

社會影響

社會是複雜的，社會對於孩子們的影響也是多面的。媒體和網路一面在宣傳形形色色的青春期性行為的負面資訊，一面又在不斷地用廣告、電視節目暗示青少年要有魅力和吸引力。同時，社會還在向青少年傳遞著道德對性的約束。電影、電視、網路上又充斥著方便、容易獲得的露骨的色情內容，青少年就在這些矛盾的、混亂的資訊中，尋找自己想要的內容，為自己的性行為做決定。

矛盾的青少年

相比較於男孩，女孩更容易處於是否發生性行為的矛盾中。她們很有可能迫於男性伴侶的壓力而發生性行為（約61%的女孩會因為男孩的施壓，導致與其發生性行為）。她們還要面對道德、社會、家長的教導帶來的壓力，承擔懷孕的風險；同時，她們更在意性行為中的愛情成分。一項全美國範圍內的調查中，有45%的女孩將自己是否被愛，作為是否發生性行為的決定依據，而男生只有28%。

而對男孩來說，他們更在意自己的想法。他們不想被同儕嘲笑，他們更想做自己認為該做的事——當他們具備性能力之後，並且已經為發生性行為做好了準備。他們在性方面有更自由的空間，當然他們的性慾也更旺盛，而且相對於女孩矛盾、複雜的心情，性行為對男孩來說是積極的自我認同。

【家長該怎麼做】

過早的性生活面臨著各種性問題，譬如：16歲之前發生性關係的青少年往往無法有效地利用避孕產品，這讓他們暴露在懷孕和感染性病的危險中。同時，他們還需要承擔更多的壓力，譬如：對父母隱瞞的內疚，對懷孕的擔心，更在意親密關係的程度等等。這些無疑是給繁忙的學習生活又增添了一些干擾。

父母的態度很重要

研究顯示，父母的教養可以幫助青少年降低懷孕的風險，譬如：父母與青少年親密情感和交往，父母對青少年外出活動的時間監管，父母對青少年性行為的反對態度，以及父母對青少年性行為提出避孕的要求。所以，如果我們還是選擇當鴕鳥，來迴避孩子的性成熟後需要面對的問題，那麼我們恐怕會面對更多的問題。

增強孩子自我管理的能力

孩子的自我管理能力與其是否發生性行為有一定的關聯性。當孩子面對複雜的、混亂的與性相關的資訊時，他們對自己性衝動的控制能力、對自己情緒的管理能力、對行為的自制能力，都將對性行為的控制發揮作用。所以，與其花工夫去反對孩子談戀愛，惹孩子討厭，不如將重點放在培養他們如何進行自我管理。

同伴也可以作為榜樣來影響青少年的性行為，反之也成立。也就是說，如果老大沒有做好性行為的自我管理，那麼很有可能的結果就是，老二、老三跟著一路學習下去。

普及性知識

對孩子普及避孕和性知識，一定不是一件容易的事情，但是恐怕我們必須這樣做，而且必須提前做。在孩子第一次性行為之前，就要讓他們有意識地保護自己。好在現在會有很多媒體或者電視節目，幫助我們開始這個艱難的話題。會得到怎樣的效果，取決於父母與子女之前建立的依戀關係和日常的溝通方式。碎碎唸和家長制式的警告，肯定不會收到太好的效果。換位思考，如果我們回到十二三歲的時候，父母怎麼說，我們才肯聽呢？

拓寬孩子視野

幫助孩子拓寬視野，讓孩子把視角更多地放在未來。當青少年能夠為自己規劃未來，設計自己未來的生活、職業、社會角色的時候，他們的青春期的同一性任務基本完成，他們已經成為自立的、獨立的個體。這樣的孩子會主動把自己的重點放在學業成績和與未來職業生涯相關的技能上，他們會花費更多的時間去學習、充實自己，這會幫助他們從性的思考中抽離出來。

第 6 節　性虐戀：將性滿足和痛感連繫在一起

為了吸引目光，將性暴力浪漫化的電影越來越多。我們的孩子都在面對些什麼？不要低估這些內容，即便是他們沒有看過相關電影或者他們看不到電影，他們也正在吸收著這些資訊，被潛移默化地改變著，影響著他們對性和愛的態度。

我們無法猜想這些作品對孩子的影響。就好像《格雷的五十道陰影》裡，它在告訴男孩們，女孩們的骨子裡想要的是征服、奴役、恐嚇和脅迫她的人，同時，它在給女孩一個幻覺，以為控制、糾結、疼痛是愛情的必需品。而這一切都被包裝上了華麗的外衣 —— 億萬富翁、有超能力的吸血鬼。

換一個角度來看，這也是一次機會，當那些刺眼的圖片和預告片從網路中出現的時候，我們找到了一次機會，跟我們的孩子來正面地面對性、愛和性愛，還有性虐戀 (sadomasochism)。

【孩子產生性虐行為的心理解讀】

什麼是性虐戀

性虐戀又被稱為戀痛癖，類似於我們前面提到的戀物癖，是將物與性快感連繫起來，性虐待是將性快感和痛感連繫在一起的性活動，即透過疼痛而獲得性快感的性活動。

性虐戀不同於性虐待（sex abuse），性虐戀是指參與者自願且確保安全、理智的行為，而性虐待是一種性侵和虐待的犯罪行為。

對於性虐戀是否是正常的性行為的爭論一直沒有休止過。性虐戀在很長的一段時間裡被視為精神疾病，也曾被收錄在《疾病和有關健康問題的國際統計分類（第 10 版）》中，被認定為是一種性慾倒錯。然而就如同性戀越來越被人們所接納一般，隨著大眾對性認知的開放和寬容，性虐戀被認定為一種次文化狀態。

性虐戀的成因並不明確

性虐戀的成因並沒有統一的說法，我們很難說究竟是什麼原因，導致有這樣的性偏好。

心理學家羅伯特·史托勒認為，性虐戀與兒時經歷有關，譬如：兒時受過虐待。但是事實證明，情況與此截然不同甚至恰恰相反。很多兒童並沒有被虐待，甚至連被家長體罰的行為都沒有，他們是在溫暖、溺愛的環境中長大的。

佛洛伊德解釋了這個現象，他認為性虐戀是一種心理補償 —— 補償內心的負罪感。同時他還認為，女性天性有受虐傾向，即女性喜歡並幻想被羞辱和虐待；而男性天生有施虐傾向。但是這一說法，被現代女權主義所質疑，同時這個理論又無法解釋現實存在的男性被虐者的現象。

中國性學家李銀河在中國做過的調查中又總結出一個規律：目睹家庭暴力或者自己曾被父母打罵的孩子，很難理解性虐戀行為，而只有成長環境中完全沒有暴力行為的人才會鍾愛這種遊戲。同時，她認為佛洛伊德的觀點是過時的 —— 認定性虐戀是病態的。

與佛洛伊德的觀點截然相反的是傅柯，即性虐戀是一種「非病理學的」快樂，而世上沒有任何快樂是「反常」的，這比較符合當下社會的性開放和對性的包容性。

還有的性虐戀的傾向源於焦慮感和恐懼感。一部分來自嬰兒期的挫折感、疼痛感、不舒適感，這些在成長中逐漸內化為自我意識的一部分。貝格勒 (Edmund Bergler) 指出，嬰兒時期的各種恐懼心理 (害怕被餓死、憋死、殺死、閹割) 是由其特徵的自戀主義所導致的，有受虐傾向者的自我折磨正是超我的自我毀滅原則所造成的。

還有觀點認為性虐戀來自對愛的渴求，父親打我是因為愛我，他們在受虐的痛苦中找到了快樂，把被傷害當作自己被關注和被熱愛的證明。

性虐戀的心理是複雜的，情感也是矛盾的。特別是對青少年來說，我們不能簡單地認為他們屬於虐待型人格，或者是與早期童年經歷有關，我們甚至很難說清楚他們是不是真的對性虐戀行為產生了迷戀，或許他們只是單純的好奇、尋求刺激或者是嘗試他們所沒有嘗試過的。

【家長該怎麼做】

作為家長，即便是我們可以接受性虐戀的行為，但是對於我們的孩子，我個人的觀點是：並不期待他有這樣的行為，這也是我很反對這類電影或者文藝作品的原因。

對青少年來說，他們並沒有成年，他們仍處於動盪期，他們的價值觀、人生觀、世界觀和對愛情的認知都處於逐漸形成的時期。我們應該給予他們開放的世界，讓他們自由地去了解他們願意去了解的事情、去嘗試他們想要嘗試的內容，最終給自己一個判定，完成自己同一性的建構，形成最終的自己，走向成人。

但是，不得不承認的是青少年時期的他們缺少判斷力和自制力，容易被表面的絢爛所誘惑。性虐戀文化是戀愛中的一種極端文化，是小眾主義。我們不能否定這種文化的存在，因為存在即合理，很有可能多年以後，就如同性戀可以結婚一樣，性虐戀文化從小眾發展到被大眾所知、所認可。但是對青少年來說，他們很難分清什麼是愛、什麼是虐、什麼是性虐、什麼是性虐戀。他們很容易把虐當成愛，把性虐當成性虐戀。這是作為父母擔心的，也是社會應該承擔的一部分責任。

就如學習游泳，當孩子在水性不好的時候，如果我們一把把他推進河裡，他可能會在經歷嗆水、掙扎之後，徹底地學會了游泳；也有可能在經歷這次痛苦後，徹底地放棄了游泳；還有可能發生意外而喪生，這是我們最不願意也不想發生的。

性虐戀是一樣的。除了肢體上的虐戀，我更擔心的是心靈上的性虐戀。在他們還沒有體驗過、建立過真正的彼此信任、相互依靠的親密關係的時候，他們會不會錯把那些充滿了疼痛感、矛盾、傷害、苦澀的錯愛當成是真愛，錯把那些以折磨他們為樂趣的、輕視他們、忽略他人體會的錯誤的人當成是愛人？會不會讓他們形成錯誤的愛情觀，一味地去追求那種極致的、讓人窒息的短暫的幻覺？

當然，贊成性虐戀的人認為性虐戀更展現了人與人之間的信任。特別是每一對性虐戀者，都是本著「安全、理智和自願」的前提，甚至提出在施虐與被虐的過程中，他們建立了甚至比普通愛人更為堅定的信任、溝通、尊重和誠實。

或許這個活動適合可以為自己行為負責任的成年人，我們應該把它稱為成年人的性愛活動。

我們可以嘗試著從他們關注的電影開始這個話題。雖然他們可能會假裝並不在意，但實際上，孩子們通常用這種漫不經心的形式來隱藏自己對事情的關注。

我們要讓他們知道：

◇　虐待有的時候會讓他們感覺很浪漫，但更多的是殘暴和血腥的體驗；
◇　愛情應該是自由的，並不是控制與被控制的關係；
◇　無論打著怎樣的愛的旗號，存在對身體的傷害都是一種錯愛；
◇　陰晴不定的愛，只能說明對方是不成熟的人，或者心理有巨大的創傷，這不是一個合適的對象。

絫在一起

爽讀 APP

國家圖書館出版品預行編目資料

從對立到理解，「行為心理學」看懂孩子的每一個小動作：頂嘴代表有主見、撒謊是察言觀色的表現？大人看起來很荒唐，其實他們只是在成長！/ 榮文婷 著 . -- 第一版 . -- 臺北市：崧燁文化事業有限公司 , 2024.09
面；　公分
POD 版
ISBN 978-626-394-719-1(平裝)
1.CST: 兒童心理學 2.CST: 行為心理學 3.CST: 精神分析
173.1　　113012330

立到理解，「行為心理學」看懂孩子的每小動作：頂嘴代表有主見、撒謊是察言觀表現？大人看起來很荒唐，其實他們只是長！

臉書

者：榮文婷
任編輯：高惠娟
行 人：黃振庭
出 版 者：崧燁文化事業有限公司
發 行 者：崧燁文化事業有限公司
E-mail：sonbookservice@gmail.com
粉 絲 頁：https://www.facebook.com/sonbookss/
網　　址：https://sonbook.net/
地　　址：台北市中正區重慶南路一段 61 號 8 樓
8F., No.61, Sec. 1, Chongqing S. Rd., Zhongzheng Dist., Taipei City 100, Taiwan
電　　話：(02) 2370-3310　　傳　　真：(02) 2388-1990
印　　刷：京峯數位服務有限公司
律師顧問：廣華律師事務所 張珮琦律師

定　　價：420 元
發行日期：2024 年 09 月第一版
◎本書以 POD 印製